SISTEMA PENAL MÁXIMO
x
CIDADANIA MÍNIMA

Códigos da violência na era da globalização

Conselho Editorial

André Luís Callegari
Carlos Alberto Molinaro
César Landa Arroyo
Daniel Francisco Mitidiero
Darci Guimarães Ribeiro
Draiton Gonzaga de Souza
Elaine Harzheim Macedo
Eugênio Facchini Neto
Gabrielle Bezerra Sales Sarlet
Giovani Agostini Saavedra
Ingo Wolfgang Sarlet
José Antonio Montilla Martos
Jose Luiz Bolzan de Morais
José Maria Porras Ramirez
José Maria Rosa Tesheiner
Leandro Paulsen
Lenio Luiz Streck
Miguel Àngel Presno Linera
Paulo Antônio Caliendo Velloso da Silveira
Paulo Mota Pinto

Dados Internacionais de Catalogação na Publicação (CIP)

A553s   Andrade, Vera Regina Pereida de

     Sistema penal máximo x cidadania mínima : códigos da violência na era da globalização / Vera Regina Pereira de Andrade. 2. ed. rev. 2. tir. – Porto Alegre: Livraria do Advogado, 2021.

     160 p.; 23 cm.

     ISBN 978-85-69538-15-8

     1. Direito Penal. 2. Criminalidade. 3. Globalização. 4. Violência. 5. Cidadania. 6. Sistema penal. I. Título.

CDU - 343.9

Índices para o catálogo sistemático:
Direito penal
Criminalidade
Globalização
Violência
Cidadania
Sistema penal

(Bibliotecária responsável: Marta Roberto, CRB-10/652)

Vera Regina Pereira de Andrade

SISTEMA PENAL MÁXIMO x CIDADANIA MÍNIMA

Códigos da violência na era da globalização

2ª EDIÇÃO
revista
2ª TIRAGEM

livraria
DO ADVOGADO
editora

Porto Alegre, 2021

© Vera Regina Pereira de Andrade, 2021

1ª edição, 2003
2ª edição, 2016

Capa, projeto gráfico e diagramação
Livraria do Advogado Editora

Revisão
Rosane Marques Borba

Pintura da capa
Eneida Cidade Teixeira

Direitos desta edição reservados por
Livraria do Advogado Editora Ltda.
Rua Riachuelo, 1334 s/105
90010-273 Porto Alegre RS
Fone: (51) 3225-3311
livraria@doadvogado.com.br
www.doadvogado.com.br

Impresso no Brasil / Printed in Brazil

Em memória de meu pai,
LUIZ CARLOS TORRES ANDRADE,
grandiosa referência de vida digna e de cidadania.

Prefácio à segunda edição

> Escrever é uma maldição, mas uma maldição que
> salva. Salva a alma presa, salva a pessoa que se
> sente inútil, salva o dia que se vive. Escrever é
> procurar reproduzir o irreproduzível, é sentir
> até o último fim o sentimento que permaneceria
> apenas vago e sufocador. É também
> abençoar uma vida.

Ao aceitar o convite da professora, para sempre mestra e orientadora, Vera Regina Pereira de Andrade, instalou-se em nosso coração este ambíguo sentimento tão bem expressado por Clarice Lispector. Primeiro pelo tamanho do desafio de prefaciar uma obra, já em sua segunda edição, indicativo incontestável do seu êxito editorial e, segundo, em decorrência de termos tido o privilégio de ter a autora como orientadora nos cursos de mestrado e doutorado da Universidade Federal de Santa Catarina. Afinal, aceitando o desafio desta escritura estaríamos salvando a nós mesmas? Ou os dias que seguimos vivendo? Ou estaríamos tendo a oportunidade de abençoar uma vida? Sim, exatamente isto: abençoar uma vida dedicada a constituir pessoas sensíveis, comprometidas em promover e reinventar o humano, estilhaçado pelo discurso e pelas práticas de um sistema de justiça afeiçoado a regurgitar as suas cartografias de eficiência operacional, não necessariamente cumprindo os princípios iluministas, iluminados e constitucionais da dignidade da pessoa humana e da menor intervenção penal.

Clarice disse tudo: escrever é também abençoar uma vida. E a professora Vera, na sua faina diária, tanto como pesquisadora, no silêncio deste singular labor, como professora e orientadora de centenas de alunos, segue concedendo as bênçãos que energizam e fecundam os processos de reflexão em todos que se debruçam sobre seus textos, que podem encontrar não apenas a crítica ao sistema penal e suas muitas ilusões, mas caminhos para uma percepção libertadora e potencialmente apta a instituir o novo.

Este *Sistema penal máximo x Cidadania mínima: códigos da violência na era da globalização* nos remete aos tempos de nossas próprias travessias acadêmicas. À época da elaboração e defesa de nossas dissertações – no ano de 1998 – alguns dos textos desta obra vinham sendo amadurecidos pela autora. Orientadora compromissada, companheira generosa, não se importou em ceder sua produção, sequer publicada, mas comprometida com a orientação, cedeu os conteúdos em elaboração, tirados da própria impressora.

É dever nosso referir que Vera é também a mãe amorosa de Lara e Íris. É a militante ativa, visceralmente comprometida com as comunidades excluídas e com a revitalização da cidadania. É aquele ser no qual a solidariedade se mostra de maneira contínua e ilimitada; daquelas pessoas com as quais renovamos nossas esperanças no ser humano. Dona de uma invejável disposição para a pesquisa reúne a força e a excelência do domínio da palavra adequada e persuasiva, exatamente porque só fala sobre suas convicções. Seu texto é arrebatador pela construção original e ousada.

Tudo o que até aqui foi dito é importante. E é verdadeiro. O talento natural da autora foi sua opção de vida. A somatória: – talento + escolha foi o gatilho de uma força interior chamada *vocação*.

Quando fez esta escolha consciente, conquistou seu primeiro mérito vocacional. Sua trajetória humana e acadêmica – sempre guiada por suas escolhas – contabiliza titulações até o PhD, publicações e pesquisas científicas, premiações e homenagens. Se olhar para trás, verá uma constelação de realizações. Se olhar à frente, terá de apelar à sua paixão – cerne vivificado pelo talento – mas também ao seu compromisso vocacional, porque o caminho é duro, como sempre foi.

O seu obstinado compromisso com o magistério tornou-a determinada ao incessante aperfeiçoamento e formação – até o pós-doutoramento – revelando a capacitação acadêmica e profissional para a produção textual encartada neste livro. Mas se a preocupação do leitor for com a confiabilidade na pessoa humana da professora Vera, fica nosso duplo testemunho – Márcia e Leda, Leda e Márcia – ambas ex-orientandas. Se ainda não ficar convencido, caro leitor, visite a *web*; qualquer sítio de relacionamento estará recheado de discípulos da professora Vera.

Tudo que até aqui se disse ao leitor tem um sentido coerente, embora não pareça. É notória e muito bem escorada a respeitabilidade acadêmica da autora. Suas qualidades pessoais são festejadas por uma multidão de amigos: colegas, discípulos, parceiros, religiosos e também miseráveis, encarcerados e outros excluídos. Alguns sequer a conhecem pessoalmente, mas conhecem seu trabalho e a respeitam por isso.

A obra prefaciada – *Sistema Penal Máximo x Cidadania Mínima* – constitui a produção textual de Vera Regina Pereira de Andrade com o maior *potencial* estratégico para permitir *a* aproximação entre a academia e a população, projeto que ela preside auxiliada pelos parceiros do Projeto de Extensão *Universidade sem Muros* (UFSC), empreendimento que enseja a efetiva relação da comunidade universitária com a comunidade excluída, e os Grupos de Pesquisa e ação *Brasilidade Criminológica* e *Justiça Restaurativa*.

O livro, ainda que reúna variados textos, constitui uma unidade madura e coordenada, permitindo ao leitor identificar a temática da condição humana – teorizada no papel de cada sujeito, inserido em determinada espacialidade, sempre à luz da criminologia crítica, e foram compartilhados, discutidos e revisitados, incessantemente, desde sua gênese.

Sem se distanciar da prolação acadêmica – ao contrário, cultivando-o com rara excelência –, a autora navegou em temáticas cujo vértice sensível e unificador é o *humano*, focando corajosamente seus mais sensíveis nós críticos, cada um deles configurado como distinta dualidade da criatura humana, convergentes apesar das respectivas especificidades: condição humana e criminalização; condição humana e cidadania; condição humana e relações de gênero; condição humana e espacialidades de vitimações específicas: espaço doméstico, espaço rural, vias urbanas.

O livro se abre ao leitor como obra tridimensional, gestada para ser percorrida em qualquer sentido: do começo para o fim, do meio ao começo; do fim ao meio ou do meio ao final e de volta para o início. Um texto remete ao outro, que se reflete num terceiro sem que nada seja repetitivo ou irrelevante. Saltam das páginas para o imaginário do leitor figuras humanas concretas, conhecidas de todos pelos respectivos estereótipos e seus símbolos. A construção subjetiva que permeia a obra é relevantemente exemplificada no livro quando são abordadas as desigualdades de gênero.

Vera trabalha o contraste de estereótipos entre os gêneros utilizando duas categorias básicas: *o cara* (*masculino ativo*) e *a coisa* (*feminino passivo*). Toda *história ativa* começa com um *cara*. O *cara* é quem conserta tudo; mas é também o *cara* que invade para roubar, que assalta na rua. E o contraponto do *cara* é justamente a *coisa*, inerte ou esquecida: [...] *Como é mesmo o nome daquela coisa? Será que a dona coisa não vem? Ah, que coisa!*[1]

Com igual riqueza de linguagem, transita por figuras e realidades correlatas, planos simbólicos dos estereótipos, das falsas promessas e das desigualdades. Neste vértice legitimador, resgata historicidades – antigas ou recentes – clarificadoras, como a do modelo criminológico determinista; da vertente feminista comprometida com a resposta penal; a residualidade da proposta pedagógica do Código de Trânsito Brasileiro, em contraste com a sobrevalorização da resposta punitiva; a estigmatização criminalizadora do trabalhador rural – invasor, saqueador, violento – e a idealização vitimizadora do proprietário de terras.

Em todos os aportes, a autora vivifica a cidadania herdada da proclamação francesa e revitalizada pela Declaração dos Direitos Humanos de 1948 – liberdade, igualdade real, dignidade, respeito à alteridade, à biodiversidade, à equidade na repartição de riquezas. Em contraponto, assinala o estreitamento imanente ao conceito de cidadania vigente no senso comum – incluindo o dos operadores jurídicos – que reduz a abrangência conceitual à elegibilidade e ao sufrágio.

Seus pressupostos contrariam interesses econômicos, axiomas judiciais centenários, assim como o pleito macrossocial de encarceramento dos desviantes, como forma de garantir segurança pública à maioria social. Nisto a obra é integralmente desafiadora. Ou, mais que isso, *funcionalmente polemizadora*. Esta natureza polêmica/polemizadora reverte em natural *polinização* – de ideias, perguntas e propostas, aptas a ensejar a desconstrução de percepções e entendimentos chanceladores da maximização do controle penal, tão ultracapitaneados pela espetacularização da violência e do medo.

Pela força de sua fala, pela integridade dessa força, a professora Vera exerce legítima *sedução* – signo com o qual não simpatiza, em princípio – sobre o leitor. Seduz quase inconscientemente, nem tanto pela excelência do texto ou pela percuciência da base científica. Seduz, antes de tudo, pela firmeza e honestidade do discurso, mas seduz também por acenar com o último tesouro de Pandora – esperança, honestidade e coerência.

Se a sedução é arma maliciosa dos manipuladores, por que não deixá-la fluir pela força natural do *bom espírito sedutor*? Por qual razão seria ela estratégia ilegítima na dura batalha das grandes transições paradigmáticas, como a substituição do modelo determinista, firma-

---

[1] ANDRADE, Vera Regina Pereira de. *Sistema penal máximo x cidadania mínima*: códigos da violência na era da globalização. Porto Alegre: Livraria do Advogado, 2003, p. 275-276.

do no velho paradigma etiológico, por outro mais coerente e menos cruel – como o paradigma da reação social? Que nos perdoe a amada autora, mas sua obra é um marco de sedução. Rumo a tal sedução não deve haver sobressaltos ou medos. É melhor confiar e apostar no novo – nunca dantes tentado, apesar de consistente – que persistir no velho, desgastado e repetidamente fracassado sistema penal?

Não há razão para eternizar o centenário apego ao Direito Penal duro, pautado na ultrapassada criminologia determinista; toda a segurança prometida é histórica promessa descumprida. Basta olhar para trás e, em seguida, ler os jornais. A história se eterniza por força de nossos medos; mas também nossos medos se eternizam. Por tudo isso é que dedicamos este parágrafo final para incitar o leitor a se deixar seduzir. Não por nós, mas por esta obra tridimensional, rica em figuras humanas, resgates históricos e ideias novas!

Não precisa o leitor confiar cegamente neste prefácio e em suas subscritoras, até mesmo porque, já seduzidas, são declaradamente parciais. Solte caro leitor, as amarras do imaginário. E embora qualquer leitura normalmente incite à imaginação, a obra contém o diferencial que lhe confere esta *peculiar qualidade* – aqui referida como *tridimensionalidade* – cuja edificação foi, originalmente, da autora; ressalte-se, mas que passa a pertencer ao leitor desde a intenção interior de ler o livro.

Por isso, desfrute desta obra. Não importa por onde inicie a leitura, habilite-se a idealmente construir cidades. Abra estradas e ruas urbanas. Ponha a rodar sobre elas automóveis: muitos ou poucos, lentos ou velozes, a seu livre critério. Plante trato sobre grandes terrenos rurais e acomode sobre eles o tipo e a quantidade de gado que preferir. Depois, povoe as paisagens de gente: diferentes tipos, mulheres, homens, crianças. Ricos e pobres, violadores e violados, proprietários rurais e trabalhadores sem-terra, mulheres que apanham e homens que batem, crianças de escola e crianças de rua. Se desejar, povoe seu imaginário com gente que viveu num tempo passado – o homem lombrosiano, por exemplo – é fácil conseguir imagens na internet – ou as pioneiras do Feminismo.

Defina livremente, aparência, vestimenta, caráter, papel sociofamiliar e história pessoal dos seus personagens. Aproveite a plena e irrestrita liberdade que só *o imaginário* lhe permite. O homem é efetivamente livre para pensar. Não há limite para a liberdade de pensamento; o controle social só alcança o ser humano a partir da expressão externa – seja por postura, atitude, palavra – e é bem isso que o percurso da construção imaginária tridimensional pertence só ao leitor.

As ideias e construções teórico-criminológicas gravitam em torno de situações afetas a *qualquer pessoa* que viva em sociedade. Os problemas – ou nós críticos – enfrentados alcançam todos os seres sociais, ou seja, *são "problemas individuais homogêneos"* Partindo dessa premissa, a leitura tridimensional potencializa a capacidade de reflexão – livre e íntima – aberta à constante revisão da própria construção imaginária, às remodelações pontuais que ocorrerem no *momento*, passíveis de retorno ao modelo original e a novas mudanças. Tal autonomia de ir e vir, ver e rever pode ser determinante *tanto para transformar quanto para reafirmar* ideias, convicções e valores do leitor/construtor das imagens tridimensionais.

Revisitar convicções, rever historicidades, repensar valores e atitudes não significa abrir mão de certezas; é apenas exercer – na sede intangível e secreta do pensamento – o antigo, irrevogável e saudável exercício de *perguntar*.

Temos certeza que será uma experiência – no mínimo – interessante e... *sedutora*. Boa leitura!

Ilha de Santa Catarina, primavera de 2012.

Márcia Aguiar Arend[2]
Leda Maria Hermann[3]

---

[2] Doutora e Mestre em Direito pelo Programa de Pós-Graduação em Direito da Universidade Federal de Santa Catarina (PPGD-UFSC). Promotora de Justiça no Estado de Santa Catarina.

[3] Mestre em Direito pelo Programa de Pós-Graduação em Direito da Universidade Federal de Santa Catarina(PPGD-UFSC). Promotora de Justiça no Estado de Santa Catarina.

Prefácio à primeira edição

Quando a professora Vera Regina Pereira de Andrade me fez o honroso convite de prefaciar este livro, informou-me que se tratava de uma coletânea de artigos redigidos em vários momentos de sua ainda tão jovem carreira. Trata-se, com efeito, de uma nova e atualizada edição de textos publicados em revistas e livros nos últimos doze anos.

Qual não foi, porém, a minha surpresa quando ao ler os textos da coletânea descobri com satisfação que constituíam partes de uma obra com profunda unidade. Não é oferecida ao leitor uma simples compilação de trabalhos que as contingências das pesquisas acadêmicas, dos convites de participação em publicações e das interpelações da atualidade política e jurídica fizeram uma pesquisadora redigir em paralelo a outras atividades. O livro é composto de pesquisas, análises e comentários desenvolvidos em torno de um tema central. Trata-se da reflexão sobre a cidadania que constitui, ao mesmo tempo, conceito fundamental do direito moderno e conjunto de práticas de aplicação do direito que objetivam consolidar a *praxis* democrática.

Os fundamentos da abordagem da autora sobre a cidadania encontram-se no texto *Do (pre)conceito liberal a um novo conceito de cidadania: pela mudança do senso comum sobre a cidadania*. Principal objeto de sua abordagem crítica é o caráter ambíguo da cidadania. Temos, por um lado, a compreensão individualista e restrita da cidadania nos autores liberais e, por outro lado, as tentativas de elaborar um conceito amplo de "cidadania plena". Busca-se, aqui, construir um conceito de cidadania particularmente exigente. Conceito exigente porque não se satisfaz com o modelo formalista da cidadania representativa e limitada. Nesse sentido, afirma-se que uma pessoa somente pode ser considerada efetivamente incluída no conceito de cidadania se tiver uma participação plena nos processos de discussão e decisão política sobre qualquer assunto de interesse público.

A professora Vera Regina nos convida a acompanhar suas reflexões sobre a relação que se estabelece entre o conceito amplo de cidadania e o sistema de justiça penal. Sabemos que nos países capitalistas vem se desenvolvendo, sobretudo após o advento do neoliberalismo, uma política criminal que podemos denominar de "terrorista", porque implica uma prática de "terrorismo de Estado", tema tão abordado durante as ditaduras militares do Cone Sul, que infelizmente tornou-se de novo atual.

Hoje a política social, o diálogo democrático para a solução de conflitos e a preocupação com os verdadeiros problemas sociais estão sendo substituídos por um discurso alarmista sobre a "ameaça da criminalidade". O Estado de bem-estar social e as preocupações democráticas cedem lugar ao *Estado penal* (*État-pénitence*, na terminologia de Loïc Wacquant).

Mesmo naqueles países que nunca passaram pela experiência de um Estado de bem-estar social, como é o caso do Brasil, constatamos a criação de um Estado penal, muitas vezes atuando no limite entre legalidade e ilegalidade. Essa política tem levado à propagação, por meios formais e informais, de uma cultura do pânico, que permite legitimar como única solução viável para a efetivação da cidadania (segurança!), a segregação de parcelas cada vez maiores da população e, principalmente, sua estigmatização como "bandidos".

Propaga-se a ideia de que a tutela dos direitos fundamentais e a garantia da convivência social pacífica que constitui a base de exercício da cidadania só podem ser efetivadas se for feita uma reforma radical da legislação penal e da política criminal: eliminar os "privilégios" dos réus e dos presos; aumentar as penas cominadas; criar novos delitos e regimes de execução de penas ao limite do isolamento total do preso; aumentar o rigor judiciário na fixação da pena; treinar os policiais para serem implacáveis contra a criminalidade, ou seja, para "lutar" contra aqueles que não são mais percebidos como cidadãos brasileiros que (eventualmente) cometeram infrações, mas como "monstros", "bandidos" e "inimigos".[1]

Nesse âmbito, a proposta atual é declarar oficialmente uma verdadeira guerra civil contra os pobres e desviantes (inclusive com a participação do Exército brasileiro!) para garantir os direitos fundamentais. Adotando os termos da análise da professora Vera Regina sobre a

---

[1] Esse contexto nos remete à triste experiência vivenciada pelo Brasil durante a ditadura militar de 1964, período em que os direitos individuais e políticos de cidadãos considerados como "inimigos" foram sacrificados em prol da manutenção da "segurança" do regime militar. Sobre a interpretação restritiva e tendenciosa do conceito de segurança nas práticas repressivas permito-me remeter ao meu trabalho "O conceito ampliado de segurança pública e a segurança das mulheres no debate alemão". In: LEAL, César Barros; PIEDADE JR., Heitor (orgs.). *A violência multifacetada*: estudos sobre a violência e a segurança pública. Belo Horizonte: Del Rey, 2003, p. 1-28.

cidadania, podemos dizer que, para preservar os direitos de uma parte dos cidadãos, para permitir que eles não tenham mais medo e não permaneçam confinados em suas residências e demais redutos privados, a solução é segregar efetivamente e, se possível, definitivamente aqueles que impedem o pleno exercício da cidadania dos "bons cidadãos".

O direito penal funciona com a repressão, isto é, impondo a privação de direitos e impedindo a satisfação das necessidades humanas dos castigados. Em outras palavras, priva uma parte dos cidadãos de seus direitos de cidadania material e formal para preservar os direitos de uma outra parte da sociedade.

É evidente que esse esquema de cunho deliberadamente bélico (basta ler as declarações dos responsáveis políticos brasileiros, inclusive dos supostamente progressistas!) não pode ser admitido no âmbito da cidadania plena, que não fundamenta os direitos de certas pessoas na privação dos direitos dos demais. Isso ficou registrado nas melhores análises críticas sobre a criação de um direito penal terrorista e militarizado, constituindo, inclusive, principal objeto de estudo do professor Alessandro Baratta.[2]

Os partidários da repressão penal tentam justificar sua existência alegando a necessidade de combater a criminalidade e de estabelecer uma reação oficial a manifestações de desvios "causados" por fatores biológicos, psicológicos ou sociais. Já aqueles que reconhecem a preponderância dos fatores sociais da criminalidade propõem estratégias voltadas para a melhoria da situação social das classes subalternas e não centradas no combate dos próprios criminosos.

Temos aqui uma versão "social" da política criminal que propõe substituir a guerra contra os criminosos pela guerra contra a pobreza e a exclusão. Apesar de essa última versão ser mais progressista e mais humana que a do terrorismo penal, ainda permanece refém das estruturas discursivas do senso comum, pois nega-se a analisar o problema a partir de uma perspectiva metodologicamente válida.

Inserida em uma perspectiva diversa, a professora Vera Regina adota a visão da criminologia crítica. O leitor terá a oportunidade de aprofundar o estudo dos fundamentos dessa abordagem, indicados

---

[2] BARATTA, Alessandro. Viejas y nuevas estratégias en la legitimación del derecho penal. *Poder y control*, n. 0, 1986, p. 77-92; Funções instrumentais e funções simbólicas do direito penal. *Revista brasileira de ciências criminais*, n. 5, 1994, p. 5-24; Direitos humanos: entre a violência estrutural e a violência penal. *Fascículos de ciências penais*, v. 6, n. 2, 1993, p. 44-61; La política criminal y el derecho penal de la Constitución: nuevas reflexiones sobre el modelo integrado de las ciencias penales. *Revista brasileira de ciências criminais*, n. 29, 2000, p. 27-52. Para uma apresentação das mais recentes reflexões de autores garantistas sobre a questão cf. CURY, Umberto; PALOMBARINI, Giovanni (orgs.). *Diritto penale minimo*. Roma: Donzelli, 2002.

no texto *Do (pre)conceito positivista a um novo conceito de criminalidade: pela mudança do senso comum sobre a criminalidade e o sistema penal*, que adota a posição fundamental da criminologia crítica. Se podemos falar em "causas da criminalidade", essas não devem ser buscadas em condutas individuais ou em problemas sociais, mas sim, na decisão política das autoridades estatais que consideram como passíveis de pena determinados acontecimentos (criminalização primária) e aplicam o rótulo de criminoso a certas pessoas (criminalização secundária).

Trata-se, em outras palavras, da tentativa de atribuir a certas pessoas, que em sua grande maioria pertencem às classes dominadas e socialmente excluídas, a responsabilidade por conflitos sociais. A professora Vera Regina adota aqui a visão radicalmente crítica, desconstrutiva dos conceitos "crime", "criminoso" e "criminalidade". Demonstra, assim, as contradições inerentes ao sistema da repressão penal, que não só não cumpre as suas promessas (garantir a paz social e evitar as lesões de direitos fundamentais), como reproduz o círculo da violência e legitima a opressão social.[3] A criminologia crítica demonstra o autoritarismo desse círculo vicioso, que é mantido e financiado por Estados supostamente democráticos.

Os demais quatro textos do volume realizam uma brilhante, e em muitos aspectos inovadora, aplicação das posições da criminologia crítica aos problemas da violência contra as mulheres, do trânsito e dos conflitos agrários no Brasil. Temas esses tratados hoje parcialmente pelo direito penal, apesar do evidente fracasso dessa opção. O resultado é uma ulterior vitimização das vítimas no caso da violência contra as mulheres, cujo tratamento penal oculta as causas e deixa intactos os efeitos da violência masculina; a despolitização e a descontextualização dos conflitos agrários que contribui para reprimir os movimentos populares que se insurgem contra a mais evidente injustiça social no Brasil; e a adoção do *"paradigma da beligerância"* no trânsito, no qual a repressão seletiva e largamente ineficaz funciona como álibi da ausência de medidas estatais para garantir a educação e a segurança dos transportes.

Diz-se muitas vezes que não existem receitas prontas nem soluções satisfatórias para o problema da criminalidade. Trata-se de uma falsa evidência que objetiva legitimar a repressão penal como "mal necessário" diante da suposta falta de equivalentes funcionais, isto é, de alternativas igualmente eficientes e com menor custo em termos de

---

[3] Denominei esse fenômeno de "dupla violação de direitos humanos" (*Mecanismos de dupla violação dos direitos humanos no caso dos conflitos de propriedade rural no Brasil dos anos 90*. Conferência no Seminário Internacional "O impacto da globalização sobre os direitos e as instituições nacionais de controle e da justiça", Rio de Janeiro, 24-8-2001).

violência. Entendo, ao contrário, que as soluções não só existem, mas condizem com as indicações da professora Vera Regina, cuja lucidez a leva a situar-se do lado oposto do discurso repressivo.

Adotando o vocabulário tão caro ao professor Alessandro Baratta, diria que a autora, por meio de suas múltiplas demonstrações do fracasso penal, sugere pensar finalmente de forma positiva. Para resolver conflitos sociais, devemos satisfazer positivamente as necessidades das pessoas, e não acrescentar ao custo de confrontos violentos o pesado tributo de uma ulterior privação de direitos das pessoas em situação de dificuldade, apostando no medo que gera a negatividade da punição. Mas isso pressupõe considerar que o problema principal não são os "desvios" que se constatam em relação aos padrões de conduta impostos nas sociedades capitalistas. O problema principal é o próprio modelo de organização social que gera a violência e tenta combatê-la por meio de repetidas descargas de violência institucional.

A solução "positiva" só será aplicável se a cultura penal ceder seu lugar a múltiplos processos de decisões democráticas transformadoras e de tentativas de solução dialógica dos conflitos. Encontramos, assim, na obra da professora Vera Regina, aquilo que os alemães chamariam de "indicação de caminho" (*Wegweiser*). Cabe ao leitor refletir sobre as vantagens desse caminho e apreciar a coragem intelectual da autora.

A minha satisfação em prefaciar uma obra de tamanho valor e atualidade só se mitiga no pensamento de que escrevo essas linhas substituindo o professor Alessandro Baratta, que seguramente teria a maior alegria em apresentar aos estudiosos brasileiros a terceira grande obra da professora Vera Regina no campo da sociologia do controle penal, após o tão lido e comentado estudo de 1997, *A ilusão de segurança jurídica. Do controle da violência à violência do controle penal*, e os dois volumes por ela organizados em 2002, justamente em homenagem ao professor Baratta, com o sugestivo título: *Verso e reverso do controle penal: (des)aprisionando a sociedade da cultura punitiva*. Nesta obra, a autora não só nos brinda com uma seleção de textos de extrema relevância, mas também apresenta uma reflexão madura sobre o pensamento criminológico. Mas a produção intelectual da professora Vera Regina oferece o mais forte consolo aos amigos e ex-alunos do professor Baratta: podemos ver que os ensinamentos do mestre vivem e proliferam nas obras de uma de suas alunas prediletas.

São Paulo, maio de 2003.

Profa. Dra. Ana Lucia Sabadell

Sumário

Nota da autora à segunda edição..23

Apresentação...35

1. **Do (pre)conceito positivista a um novo conceito de criminalidade: pela mudança do senso comum sobrea criminalidade e o sistema penal**..........45

    1.1. Introdução...45
    1.2. O positivismo e o paradigma etiológico de Criminologia: o (pre)conceito de criminalidade no senso comum....................................46
    1.3. O *labelling approach* e o paradigma da reação social: uma revolução de paradigma em Criminologia e um novo conceito de criminalidade e sistema penal...49
    1.4. Do *labelling approach* à Criminologia crítica:a maturação do paradigma.........54
    1.5. Contribuição fundamental da Criminologia da reação social e crítica: a lógica da seletividade como lógica estrutural de operacionalização do sistema penal e sua relação funcional com dominação classista..................57
    1.6. A desconstrução epistemológica do paradigma etiológico: a traição da Criminologia à matriz positivista de ciência..62
    1.7. Das promessas às funções latentes e reais da Criminologia positivista como ciência do controle sociopenal: pela mudança do senso comum sobre a criminalidade e o sistema penal...65

2. **Do (pre)conceito liberal a um novo conceito de cidadania: pela mudança do senso comum sobre a cidadania**..67

    2.1. Introdução...67
    2.2. O (pre)conceito liberal de cidadania reproduzido pela cultura jurídica dominante no Brasil...69
    2.3. A desconstrução do conceito liberal de cidadania a partir de seus pressupostos: limites do conceito como limites da matriz liberal..................70
    2.4. A reconstrução do conceito de cidadania para além do liberalismo: quatro deslocamentos fundamentais...72
    2.5. A relação cidadania-democracia: da cidadania moldada pela democracia (representativa) à cidadania moldando a democracia (possível e sem fim).....78

3. **Sistema penal e violência sexual contra a mulher: proteção ou duplicação da vitimização feminina?**..79

    3.1. Introdução...79

3.2. Construção e promessas do moderno sistema penal: as grandes linhas de autolegitimação oficial....................83
3.3. Desconstrução do moderno sistema penal: da crise de legitimidade à eficácia instrumental inversa à prometida....................85
3.4. Contribuição fundamental do movimento e da Criminologia feminista: a lógica da honestidade como uma sublógica da seletividade acionada para a criminalização sexual e sua relação funcional com a dominação sexista......87
3.5. Contribuição da experiência político-criminal e reformista acumulada na luta feminista contra a violência....................94
3.6. Pontualizando o argumento: da eficácia invertida do sistema penal à duplicação da vitimização feminina....................95
3.7. Da negatividade do Direito Penal à positividade dos Direitos....................98
3.8. O paraíso não passa pelo sistema penal: pela mudança do paradigma jurídico imperial e masculino....................98

4. Sistema penal e cidadania feminina: da mulher como vítima à mulher como sujeito de construção da cidadania....................101
4.1. Introdução....................101
4.2. Inserção do feminismo no âmbito da política criminal....................102
4.3. O condicionamento histórico: desocultando a violência e politizando o espaço privado....................103
4.4. O sentido do feminismo....................104
4.5. Pressupostos silenciados sob a demanda criminalizadora....................105
4.6. Problematizando os pressupostos....................107
    4.6.1. O significado da violência....................107
    4.6.2. O significado da proteção penal....................107
4.7. Da mulher como vítima à mulher como sujeito de construção da cidadania...110

5. Sistema penal e cidadania no campo: a construção social dos conflitos agrários como criminalidade....................113
5.1. Introdução....................113
5.2. A construção social da criminalidade pelo sistema penal....................114
    5.2.1. A ideologia penal dominante....................117
    5.2.2. Das funções declaradas às funções reais e à eficácia do sistema penal....118
5.3. A (des)ordem agrária: a estrutura latifundiária, os déficits de reforma agrária e agrícola, os conflitos e o MST....................120
5.4. A construção social dos conflitos agrários como criminalidade e a hegemonia do controle penal....................124
    5.4.1. A construção social seletiva da criminalidade agrária: criminalização *x* impunidade....................125
    5.4.2. Violência superestimada e variáveis incluídas: o código comportamental....................126
    5.4.3. Violências sonegadas e variáveis excluídas: os códigos ausentes........129
5.5. Atravessando a geografia do controle penal rumo ao território da cidadania....................130

6. Sistema penal e cidadania no trânsito: da promessa de segurança à eficácia invertida do Código de Trânsito brasileiro....................133
6.1. Introdução....................133

6.2. Objeto e objetivo da codificação: uma promessa de segurança....................135
6.3. Os métodos na caminhada da barbárie à civilização: o binômio educar e punir..137
    6.3.1. Circunscrevendo a educação: quem e como se educa para o trânsito?..137
    6.3.2. Circunscrevendo a punição: a hipercriminalização do cotidiano do trânsito..138
6.4. Educar e punir: desequilíbrio metódico..140
6.5. A construção legal da violência e suas causas e a hegemonia do paradigma da beligerância...141
    6.5.1. Violência superestimada e variáveis incluídas: o CTN como código comportamental..143
    6.5.2. Violências sonegadas e variáveis excluídas: os códigos ausentes........144
6.6. O "outro" como paradigma: o fascínio alienígena....................................145
6.7. Déficit de base nacional e de base científica para a política criminal............147
6.8. Da promessa ao mercado da segurança e à eficácia invertida do Código de Trânsito..150
6.9. Atravessando o mapa da codificação rumo ao território da cidadania.........153

Referências bibliográficas..155

Nota da autora à segunda edição

Resolvo agora o impasse paralisante (reescrevê-la ou revalidá--la?) que postergou por longo período a segunda edição desta obra, a favor de sua revalidação.

E isto porque, ao tentar reescrevê-la num novo contexto, desejo sempre renovado ao se esgotar uma edição, é a integralidade do texto que, afinal, interpela o seu autor, que tampouco é o mesmo. É que todo o *labor* intelectual do presente que se pretenda revisionista sobre o labor intelectual do passado tem que enfrentar um movimento muito complexo: não são apenas as condições materiais de produção de uma obra que se metamorfoseiam na história, mas, sobretudo, o sujeito que a produz: é a interação entre ambos que se dinamiza.

É assim que me vejo diante de "Sistema penal máximo x cidadania mínima: códigos da violência na era da globalização", razão pela qual opto por revalidá-la, mantendo o texto original, com algumas correções, supressões e acréscimos, advertindo se tratar de uma obra **datada**, produzida e escrita em um contexto (transição do século XX para o século o século XXI) e com recursos teóricos determinados, que deve ser lida e compreendida **à luz e nos limites deste contexto e recursos**, com as atualizações a que procedo nesta nota e em notas de rodapé do texto, tendo por referência as pesquisas que continuamos realizando, eu e meus orientandos, no âmbito do Grupo de Pesquisa **Brasilidade Criminológica,** que coordeno junto ao Programa de Pós-Graduação e ao Curso de Graduação em Direito da Universidade Federal de Santa Catarina, no marco das linha de Pesquisa "Sociedade, Controle Social e Sistema de Justiça" e "Constituição, Cidadania e Direitos Humanos".

Recordo, inicialmente, que por "sistema penal máximo x cidadania mínima" pretendi indicar a bipolaridade que constitui o objeto central de abordagem nesta obra: de um lado, a problematização da funcionalidade do sistema penal (da engenharia e da cultura punitiva) e da expansão, sem precedentes, que experimenta na era da globalização neoliberal; de outro, e *pari passu*, a problematização dos déficit da dimensão da cidadania, que experimenta, a *contrario sensu*, ímpar minimização.

Afirmei ainda que tratados, da ótica da interdisciplinariedade, e particularmente da criminologia da reação social e crítica, adotada aqui como marco teórico vertebral os processos, simultâneos, de construção social da criminalidade ou criminalização pelo sistema penal (capítulo I) e de construção social da cidadania, no espaço público da vida (cap. II) são vistos como politicamente contraditórios e projetados para a análise de problemas específicos, a saber, violência contra a mulher (capítulos III e IV), violência agrária (capítulo V) e violência no trânsito (capítulo IV), são dimensionados no contexto da globalização neoliberal, no qual aquela bipolaridade assume sua significação plena.

Contrastando a estrutural desigualdade dos espaços da criminalização e da cidadania (maximizados x minimizados) e de seus respectivos potenciais (reguladores x emancipatórios) a obra explicita como funciona e com que códigos de violência opera o sistema penal em relação às mulheres, os sem-terra e o trânsito, ao tempo que, pelos motivos explicitados, se insurge contra a continuada conversão de problemas de complexa envergadura no código crime-pena, apontando para a necessidade, vital e democrática, de inversão deste processo, através de um repolarização: maximização da cidadania, da Constituição Cidadã e do Direito Constitucional (campo da positividade) e minimização da criminalização (campo da negatividade), num movimento conduzente à superação da cultura e da engenharia punitiva e da dor e das mortes – da violência – que têm arrastado consigo.

Trata-se de uma superação que é, a um só tempo, estrutural e ideológica, teórica e prática e, neste sentido, passa pela mudança de paradigmas não apenas na Ciência e na Academia, mas no senso comum e na práxis do controle social informal e formal (operadores do sistema penal), em busca de novos códigos para a apreensão e o enfrentamento da(s) violência(s).

A recusa do sistema penal como mecanismo idôneo para tratar dos problemas de gênero-mulher, classe-terra e trânsito assenta-se não apenas na demonstração de sua incapacidade como modelo de contenção, resolução ou prevenção de conflitos e problemas definidos como crimes, contravenções ou infrações, proteção ou satisfação de vítimas ou garantia de direitos de acusados, mas na demonstração de sua própria funcionalidade seletiva e estigmatizante enquanto mecanismo de poder, controle e domínio (de classe, de gênero, de raça);

ou seja, enquanto mecanismo de violência institucional que expressa e reproduz violência estrutural, ao mesmo tempo que contribui simbolicamente para ocultá-las e imunizá-las, ao concentrar seu exercício de poder na "violência individual", na culpabilização e imputação de responsabilidades individuais, *a posteriori* das situações e contextos em que se inserem, e sem qualquer intervenção situacional positiva.

Assim sendo, a abordagem proposta nesta obra contém uma estrutura analítica e argumentativa, tanto em relação ao marco teórico (Criminologia e cidadania) quanto em relação às violências específicas analisadas que, embora passível de atualização contextual, subsiste, a meu ver, validada e inclusive fortalecida uma década depois de sua primeira publicação.

Relativamente à Criminologia crítica, é possível constatar que avançou em suas análises do controle penal tanto no eixo euroamericano quanto no eixo latino-americano e brasileiro, consolidando um acúmulo de conhecimento teórico e empírico muito rico que, não contemplado originariamente nesta obra, reafirmaria e fortaleceria suas premissas e conclusões.[1] O mesmo se pode dizer dos avanços teóricos da cidadania, em cujo campo se avança na discussão das especificidades de uma cidadania nacional em relação a uma cidadania global, cosmopolita, planetária, ecocidadania, cidadania multi ou intercultural; debate sempre permeado pela discussão dos déficits de cidadania de sujeitos reais, a partir da qual ela se pluraliza (os pobres, os negros, os índios, as mulheres, os sem-terra, os sem-teto, os sem-automóveis) e dos caminhos de sua inclusão (potencialidades includentes).

É que tanto a lógica seletiva estigmatizante e excludente de funcionamento do sistema penal não apenas se manteve como se agravou, quanto as demandas criminalizadoras interpostas perante ele (e que constituem um dos eixos de sua expansão relegitimadora) não cessam de se multiplicar, deixando cada vez mais nuas as incapacidades preventiva, resolutória, protetora ou garantidora do sistema penal, no limite da própria inversão da legalidade da execução penal e da constitucionalidade das penas: a violação cada vez mais aberta das normas e princípios reguladores do exercício do seu poder punitivo, trivializando-se no Brasil as penas de prisão cruéis, infamantes e indiretamente de morte.

Em síntese, o sistema penal está cada vez mais violento e menos idôneo para cumprir suas funções prometidas; no entanto, cada vez

---

[1] Tratei desses avanços na obra *Pelas mãos da criminologia*. Rio de Janeiro: Revan, 2012. Coleção Pensamento Criminológico nº 19 (na qual cunhei os conceitos de "criticismo criminológico" e "acúmulo criminológico crítico"), que pode ser vista, portanto, como continuidade da análise criminológica crítica realizada nesta obra, no marco das referidas transformações contextuais.

mais demandado em detrimento tanto de outros espaços de luta jurídica, mormente o Direito Constitucional, quanto de outros espaços de luta política, dado o esgotamento dos canais tradicionais de mediação (como a democracia representativa parlamentar, as políticas públicas do Estado social, as negociações sindicais, o acesso à justiça, a governabilidade e o mercado corruptos, etc.) para a realização de necessidades e direitos humanos ou resolução de problemas das mais diversas ordens e complexidade. A oferta de criminalização primária (produção de leis penais) e secundária (etiquetamento e encarceramento) é a resposta simbólica e instrumental mais ofertada na bandeja do poder em detrimento da oferta de cidadania, que assim absorve a majoritária funcionalidade tanto do Legislativo quando do Executivo ou do Judiciário, num altíssimo custo financeiro para o Estado brasileiro, sem no entanto oferecer qualquer custo-benefício humanista ou social minimamente compensatório e, de modo algum, emancipatório. O poder repressivo-punitivo segue sendo, também, a oferta dominante na década transcorrida para as "violências" contra a mulher, no campo e no trânsito.

Com efeito, o transcurso desta última década testemunhou que as violências físicas e simbólicas contra as mulheres não cessaram de se multiplicar em meio às lutas dos movimentos feministas e de mulheres contra a violência de gênero, esfera na qual sem dúvida se projetaram neste período as maiores alterações legislativas, numa política criminal dualista, embora dominantemente criminalizadora, já apontada na primeira edição desta obra; testemunhou que a acidentalidade, as lesões e mortes no trânsito não cessaram de se reproduzir em meio a vigência de um código de trânsito fortemente repressivo-punitivo, que recebeu igualmente um reforço criminalizador com a chamada "Lei Seca", sem a mesma atenção e instrumentalização devidas às importantes medidas e potencialidades educativas originariamente previstas no seu texto e testemunhou, em definitivo, que é com o poder repressivo-punitivo que a conflituosidade no campo segue sendo enfrentada. Senão vejamos.

Os capítulos terceiro ("sistema penal e violência sexual contra a mulher: proteção ou duplicação da vitimação feminina") e quarto ("sistema penal e cidadania feminina: da mulher como vítima à mulher como sujeito de construção da cidadania"), tendo atrás de sua escritura uma longa trajetória de pesquisas, participação em debates relativos à reforma de lei penal sobre mulher e gênero feminino, palestras e outras publicações anteriores, foram escritos sob a legislação vigente à época (até 2003) e se inscrevem no horizonte da própria luta acadêmica, social e política que conduziu às reformas subsequentes, da qual participei, em vários momentos.

Naquele contexto afirmei na primeira edição desta obra (no item "inserção do feminismo no âmbito da política criminal") que "o feminismo brasileiro se insere num processo de dupla via e, portanto, ambíguo. Por um lado, demanda a necessidade de uma ampla revisão dos tipos penais existentes, defendendo a descriminalização de condutas hoje tipificadas como crimes (aborto, posse sexual mediante fraude, sedução, casa de prostituição e adultério, entre outras), e a redefinição de alguns crimes, especialmente o estupro, propondo o deslocamento do bem jurídico protegido (que o estupro seja deslocado de "crime contra os costumes" como o é hoje para "crime contra a pessoa") com vista a excluir seu caráter sexista. Por outro lado, demanda o agravamento de penas no caso de assassinato de mulheres e a criminalização de condutas até então não criminalizadas, particularmente a violência doméstica e o assédio sexual".

Excetuada a descriminalização do aborto, esta pauta feminista dualista (criminalização x descriminalização) que descrevi foi integralmente vitoriosa na última década, sendo concretizada através de quatro reformas sucessivas.

Tais foram as reformas do Título VI do Código Penal brasileiro "Dos crimes contra os costumes", introduzidas, sucessivamente, pela **Lei nº 11.106**, de 28 de março de 2005 (que aboliu da lei penal a qualificação patriarcal mulher "honesta"), pela **Lei nº 2.015**, de 7 de agosto de 2009 (que promoveu a ampla revisão do título "Dos crimes contra os costumes", a começar pela sua denominação, doravante "Dos crimes contra a dignidade sexual"), pela **Lei nº 11.340**, de 7 de agosto de 2006, **Lei Maria da Penha** (que deslocou do modelo do juizado especial criminal para a jurisdição penal a competência para os crimes praticados com violência doméstica e familiar contra a mulher e criou mecanismos para coibi-la) e pela **Lei nº 13.104**, de 9 de março de 2015 (que alterou o art. 121 do Código Penal, para prever o feminicídio como circunstância qualificadora do crime de homicídio e o art. 1º da Lei nº 8.072, de 25 de julho, para incluir o feminicídio no rol de crimes hediondos).

As duas primeiras reformas legais, se por um lado expressam transformações de gênero e sexuais havidas em nossas sociedades patriarcais e buscam superar tratamentos discriminatórios e inferiorizadores da mulher no campo da sexualidade, potencializando novas decisões no sistema de Justiça penal, por outro, não têm o poder de fazê-lo automaticamente, pois a superação da estrutura e da cultura patriarcal é um processo, razão pela qual os capítulos III e IV mantêm sua validade não apenas como investigação do passado, mas como suporte à compreensão do presente e dos desafios que temos para caminhar nesta direção superadora do sexismo discriminatório.

Por outro lado, para além da perspectiva libertária de abolir do Código Penal todo o tratamento seletivo da moralidade patriarcal traduzido nos símbolos da "honestidade sexual", a perspectiva criminalizadora de todas essas reformas é a mais saliente. Basta lembrar o deslocamento da jurisdição da "violência doméstica ou familiar contra a mulher" do modelo do Juizado Especial Criminal (Lei 9.099/95), para a Lei Maria da Penha (11.340/06) e a esperançosa celebridade por ela alcançada, no controle desta violência, e cuja existência, já quase decenária, deu origem a diversos estudos avaliativos de seu impacto. Por todos, vou citar uma pesquisa desenvolvida no marco do **Grupo Brasilidade Criminológica**, a tese de doutorado de Marília Montenegro Pessoa de Mello, cuja recente publicação[2] tive a honra de apresentar ("O Voo da Asa Branca entre a teoria e a empiria: da voz da Lei sobre a mulher às vozes das mulheres sobre a Lei e a (des)proteção feminina no sistema penal") ladeada pelo prefácio de Luciano Oliveira, e replico aqui o que disse acolá:

"(...) como nos demonstra à evidência esta obra, *Lei Maria da Penal: uma análise criminológico-crítica*, o realojamento do tratamento da "violência doméstica ou familiar contra a mulher" do modelo do Juizado Especial Criminal (Lei 9.099/95), para a Lei Maria da Penha (11.340/06) produziu, e está a produzir, efeitos surpreendentes de "eficácia invertida" que longe estão das promessas redutoras da violência doméstica; comprovando-se empiricamente o que de há muito vimos advertindo.

As ontologias punitivistas que nos prometem resultados monolíticos ou generalizantes em bloco (como maximizar o combate à violência doméstica ou familiar contra a mulher com a maximização da pena) são fulminadas de morte pela pesquisa etnográfica realizada nesta obra, permitindo concluir que aquilo que "o" movimento feminista de mulheres postula, em termos de política criminal, não traduz necessariamente, ou não traduz de jeito nenhum o que cada mulher violentada quer e suas necessidades.

É que a etnografia permite um movimento metodológico de extrema importância e responsabilidade, que é o de conceder voz e de possibilitar a escuta dos sujeitos em nome de quem se fala, através

---

[2] MELLO, Marília Montenegro de. *Lei Maria da Penha*: análise criminológico-crítica. Rio de Janeiro: Revan, 2015.

de cujo procedimento se evita tanto coisificar quanto generalizar o objeto pesquisado (notadamente quando se trata de pessoas), seja tratando seres humanos em condições de vulnerabilidade como objetos de investigação, tal como procedeu a Criminologia tradicional, seja portando discursos e práticas universalistas que conduzem a dissolver a autonomia e a diferença do "outro", na voz do sujeito universal que em seu nome fala e, mesmo com a melhor das intenções, promete protegê-lo.

Uma vez escutadas, a voz e a narrativa das mulheres que percorrem como vítimas os corredores dos Juizados, a pesquisa de Marilia Montenegro permitiu concluir, com amparo criminológico crítico e feminista, o que segue, *in verbis*:

> Ao longo deste trabalho observou-se que a intervenção do sistema penal nos conflitos domésticos acaba por gerar consequências negativas sobre as próprias mulheres vítimas e suas famílias; constata-se, pois, uma (re)vitimização feminina com a existência do procedimento penal. As mulheres em situação de violência normalmente não almejam a persecução penal de seus agressores, mas o rompimento do ciclo de violência e restabelecimento da paz no lar.
>
> Nesse contexto, quando conhecem da possibilidade de privação da liberdade do sujeito ativo, as vítimas têm dificuldades em denunciar o abuso sofrido. Com efeito, a irreversibilidade do procedimento processual penal, findará por inibir a procura do auxílio judicial e contribuir para o renascer das "cifras ocultas" da violência doméstica contra a mulher, pois o próprio instrumento reservado à proteção feminina irá penalizá-la.
>
> Frente aos interesses opostos da vítima no que tange à intervenção penal no conflito, as razões de política criminal que pautam a opção legislativa pela ação penal pública condicionada, a saber: a proximidade entre sujeitos ativo e passivo, que partilham de uma relação estreita; e a proteção da vítima contra novos danos que podem ser causados pelo próprio processo – devem ser evocadas em atenção às mulheres em situação de violência. É evidente a incapacidade da superação dos conflitos interpessoais pela via formal da justiça criminal, visto que ela se apropria do conflito das vítimas, fugindo aos propósitos de escuta das partes envolvidas, não apresentando soluções e efeitos positivos sobre os envolvidos ou sequer prevenindo as situações de violência.
>
> Logo, paradoxalmente, a Lei que surgiu com a finalidade de prevenir e erradicar a violência não ter contemplado as peculiaridades dos conflitos de gênero e a falência do sistema punitivo, pode contribuir para a ocultação dos dados relativos à violência, já que as mulheres vítimas preferem o silêncio à dolorosa e ineficiente intervenção do sistema penal no ambiente doméstico. Nesse contexto, é urgente que se ampliem as discussões a respeito das melhores formas de resolução dos conflitos domésticos para além do sistema penal e, por ora, conferir à vítima a possibilidade de avaliar, conforme valorações íntimas, a oportunidade e conveniência da ação penal.'

Por sua vez, a pesquisa realizada no âmbito do Grupo Brasilidade Criminológica que melhor atesta a permanência da criminalização do Movimento Sem-Terra sob a estrutura analítica apresentada no capítulo V desta obra, revalidando-a no atual contexto, é a dissertação de mestrado de Marília Denardin Budó, da qual Vera Malaguti Batista escreveu a apresentação e eu o Prefácio ("Criminologia, História e estórias midiáticas: para muito além de bandidos e mocinhos").

Marília Budó analisa a construção social dos conflitos agrários, em especial a criminalização dos movimentos sociais de luta pela terra (com base no paradigma da reação social, do qual partem a teoria do etiquetamento e a criminologia crítica) e o papel constitutivo da mídia jornalística, nesta construção, seguindo a metodologia da ACD (análise crítica do discurso), através de uma análise de edições do jornal *Zero Hora* a respeito da questão agrária, no período de novembro de 2006 a novembro de 2007.

Afirma a autora que:

> Os temas da concentração de terras no país, da sempre adiada reforma agrária, e mesmo da violência no campo continuam sendo retratados sob as mesmas chaves interpretativas: aquelas que despolitizam os movimentos sociais, individualizam os conflitos no campo e desconsideram a violência estrutural na raiz das conflitualidades vivenciadas no meio rural.[3]

E conclui que:

> A análise do discurso realizada no trabalho com o objetivo de ilustrar a abordagem teórica acerca do papel do jornalismo na construção social dos conflitos agrários, em interação com o sistema penal, permitiu concluir que a lógica na qual o jornal insere a conflitualidade no campo é a de que os sem-terra provocam os conflitos. São vulneradores de uma ordem pacífica, gerando quedas de produtividade nas fazendas. Em função disso, os proprietários de terra, em especial no Rio Grande do Sul, se reúnem para, em conjunto com a Polícia Militar, vigiar e controlar todos os passos do grupo. O jornal, no momento em que difunde a ideia de que há necessidade de vigiá-los, também legitima o controle social, de forma que a apreensão de seus instrumentos de trabalho, as batidas policiais, os despejos violentos passam a ser naturalizados. Da mesma forma, os atos de proprietários são expostos como reações de legítima defesa. (...)
>
> Identificando-se um conflito, uma desordem, torna-se necessário aplicar o único código conhecido:o da individualização do autor do fato e o da aplicação da respectiva pena. Mas, veja-se: a vigilância e as frequentes revistas a que os sem-terra são submetidos não estão ligados diretamente à prática de um ato ilegal, mas sim ao simples fato de serem quem são. Aí reside a lógica do direito penal do autor, e, ainda, da delimitação do inimigo. (...) Ao olhar seletivamente para os conflitos no capo, permite-se reproduzir as desigualdades estruturais, criminalizando a base da pirâmide social, para imunizar o topo. Nesse processo, a estrutura fundiária concentrada, e as violências dela decorrentes, são reproduzidas.[4]

---

[3] BUDÓ, Marília de Nardin. *Mídia e controle social.* Da construção da criminalidade dos movimentos sociais à reprodução da violência estrutural. Rio de Janeiro: Revan, 2013. p. 17.

[4] Ibid., p. 249-250.

Por último, também no trânsito as estatísticas sobre acidentalidade, lesões e mortes humanas[5] não deixam dúvidas, tanto a respeito da incapacidade de controle destas violências com um projeto repressivo-punitivo, como o Código de Trânsito Brasileiro, como a insistência na lógica criminalizadora como resposta dominante ao problema.

Tal foi precisamente a dupla premissa de que partiu a Lei n° 11.705, de 19 de junho de 2008 (conversão da Medida Provisória n° 415, de 21 de janeiro de 2008) que altera dispositivos da Lei n° 9.503, de 23 de setembro de 1997, que instituiu o Código de Trânsito Brasileiro, com a finalidade de estabelecer a alcoolemia 0 (zero) e de impor sanções penais e administrativas mais severas para o condutor que dirigir sob a influência do álcool, e da Lei n° 9.294, de 15 de julho de 1996, que dispõe sobre as restrições ao uso e à propaganda de produtos fumígeros, bebidas alcoólicas, medicamentos, terapias e defensivos agrícolas, nos termos do § 4° do art. 220 da Constituição Federal, para obrigar os estabelecimentos comerciais em que se vendem ou oferecem bebidas alcoólicas a estampar, no recinto, aviso de que constitui crime dirigir sob a influência de álcool.

---

[5] Os principais indicadores de vítimas fatais e feridos em decorrência de acidentes de trânsito no Brasil são os fornecidos pelo Departamento de informática do Sistema Único de Saúde do Brasil (DATASUS), órgão da Secretaria de Gestão Estratégica e Participativa do Ministério da Saúde) e pela Seguradora líder do DPVAT.
Observa-se, entretanto, que há expressiva divergência entre os números fornecidos por estas duas fontes (possivelmente em virtude dos critérios utilizados), a saber, a seguradora apresenta, com regularidade, em torno de 10.000 mortes a mais do que o Ministério da saúde, em relação às mesmas causas e períodos de tempo.
Desta forma, entre os anos de 2008 e 2015, segundo o DATASUS, o menor número de mortes registrado foi de 38.273 e segundo a seguradora, o maior número foi de 60.752 pessoas. O que se constata é que o número de mortes pode ter variado entre 38.273 entre 60.752.
Quanto ao nível de mortalidade, ambas as pesquisas mostram que no mesmo período houve uma pequena queda de 2008 para 2009 (segundo o DPVAT teria havido uma queda em torno de um pouco mais de 4 mil mortes, enquanto que o DATASUS aponta uma queda de 679 mortes). Segundo o DATASUS, após 2009, o número de mortes teria continuamente aumentado, em média, em 3000 mortos a cada ano até 2013, quando houve uma redução de mesma magnitude. Segundo o DPVAT, no entanto, a redução decorrente da Lei Seca (2008) teria se estendido até 2010, ano em que atingiu o menor número já registrado (50.780), explodindo em 2011 (58.134), quando então começou a aumentar consistentemente até 2012 (60.752), momento a partir do qual vem sofrendo pequenas reduções, ano a ano (5%). Quanto ao nível de acidentes registrados, os dados da Seguradora Líder só estão disponíveis desde 2011 e revelam um contínuo crescimento anual de mais ou menos 20%, com o ápice em 2014 (595.693 casos registrados, aumento de 34% em relação ao ano anterior). O primeiro trimestre de 2015 já demonstra um aumento de 20% em relação ao mesmo período de 2014. Fontes: <http://www.seguradoralider.com.br/SitePages/boletim-estatistico.aspx>, <http://tabnet.datasus.gov.br/cgi/deftohtm.exe?sih/cnv/niuf.def> (acidentes), <http://tabnet.datasus.gov.br/cgi/deftohtm.exe?sim/cnv/ext10uf.def> (mortalidade), A respeito ver também o mapa da violência no trânsito em 2013, elaborado pela Faculdade Latino-Americana de Ciências Sociais <http://www.mapadaviolencia.org.br/pdf2013/mapa2013_transito.pdf>.

A exposição de motivos[6] que ensejou a edição da medida provisória, e ao depois, da lei, parte justamente da constatação de que o consumo de bebidas alcoólicas,diretamente ligado com a morte de 1,8 milhão de pessoas ao redor do planeta e em expansão no Brasil, principalmente entre pessoas acima dos 18 anos, é uma das principais causas do aumento da acidentalidade de trânsito no Brasil, mesmo após a vigência do Código de Trânsito Brasileiro.

Diante desta argumentação foram solicitadas urgentes medidas de políticas públicas, principiando pela logo batizada de "Lei Seca" que, promulgada em 2008 com a promessa de reduzir os acidentes de trânsito causados por motoristas embriagados no Brasil, endurece as punições contra quem ingere bebida alcoólica antes de dirigir. Diferentemente daquela estadunidense que, nos anos 20 do século passado proibia a venda de bebidas alcoólicas, aqui se proíbe agora o consumo de álcool antes do ato de dirigir e a venda de produtos alcoólicos ao longo das rodovias federais.[7]

---

[6] Disponível em: <http://www.planalto.gov.br/ccivil_03/_Ato2007-2010/2008/Exm/EMI-13-gsi-mj-mcidades-mec-mt.htm>.
A respeito ver especialmente os seguintes itens "3", "5", "6", "9" e "10".
3. A Secretaria Nacional Antidrogas (SENAD), realizou em parceria com a Universidade Federal de São Paulo (UNIFESP), pesquisa sobre os Padrões de Consumo de Álcool na População Brasileira. Este estudo de abrangência nacional, detectou que 52% dos brasileiros acima de 18 anos consomem bebida alcoólica pelo menos uma vez ao ano. O estudo apontou também que dois terços dos motoristas já dirigiram depois de terem ingerido bebidas alcoólicas em quantidade superior ao limite legal permitido. Segundo o levantamento, 74,6% dos brasileiros entre 12 e 65 anos já consumiram bebida alcoólica pelo menos uma vez na vida.
5. Vale frisar que os problemas relacionados ao consumo excessivo de bebidas alcoólicas não se limitam às populações vulneráveis e indicam associação com os índices de morbidade e mortalidade da população geral. Em 2004, 35.674 pessoas morreram em decorrência de acidentes de trânsitos no Brasil (Ministério da Saúde, 2006).
6. Outro ponto importante é a pesquisa realizada em 1998 por iniciativa da Associação Brasileira de Departamentos de Trânsito (ABDETRAN) em quatro capitais brasileiras: Salvador, Recife, Brasília e Curitiba, a qual apontou que entre as 865 vítimas de acidentes, quase um terço (27,2%) apresentou taxa de alcoolemia superior a de 0,6 g/l, índice limite definido pelo Código de Trânsito Brasileiro.
9. A urgência desse projeto se dá em razão do alto índice de consumo do álcool, que causa anualmente 1,8 milhão de mortes no mundo. Além disso, os gastos em procedimentos hospitalares de internações relacionadas ao uso de álcool e outras drogas, bem como de acidentes automobilísticos decorrentes do uso de álcool, vêm aumentando sobremaneira, trazendo graves consequências para elaboração e implantação de políticas públicas nessa área.
10. Além disso, a proximidade do feriado do Carnaval torna prudente que as restrições ao consumo e comercialização de bebidas alcoólicas entrem em vigor imediatamente.

[7] Traz como principal mudança a definição legal do que é embriaguez ao volante – e, para comprová-la, passou a ser necessário submeter o suspeito a um exame de sangue ou de bafômetro. Exigência polêmica e polemizada desde o início, em face da obrigação imposta de "um suspeito produzir prova contra si mesmo", tem gerado ações judiciais, doutrinas e jurisprudências críticas, estando nas mãos do Supremo Tribunal Federal decidir sobre o destino da Lei Seca, eis que uma ação direta de inconstitucionalidade questiona tanto o artigo que fixa o limite de álcool no sangue quanto a possibilidade de recusa do teste do bafômetro.

Validada, pois a primeira edição de *Sistema penal máximo x cidadania mínima* pela permanência do gigante punitivo, pela permanência da dualidade que titula a própria obra.

Ilha de Santa Catarina, julho de 2015.

Vera Regina Pereira de Andrade

Apresentação

Por "sistema penal máximo x cidadania mínima" pretendo indicar a bipolaridade que constitui o objeto central de abordagem nesta obra:[8] de um lado, a problematização da funcionalidade do sistema penal (da engenharia e da cultura punitiva) e da expansão, sem precedentes, que experimenta na era da globalização neoliberal; de outro, e *pari passu*, a problematização do déficit do conceito e da dimensão da cidadania, que experimenta, a *contrario sensu*, ímpar minimização.

Contrastando a estrutural desigualdade dos espaços da pena e da cidadania (maximizados x minimizados) e de seus respectivos potenciais (reguladores x emancipatórios), a obra se insurge contra a continuada conversão de problemas sociais de complexa envergadura no código crime-pena, quando deveriam ser apreendidos e equacionados no espaço da cidadania, e de outros campos do Direito, apontando para a necessidade de reversão deste processo.

Os dois primeiros capítulos destinam-se, pois, à delimitação do marco teórico – lugar da fala – abordando os conceitos de sistema penal (criminalidade e criminalização) e cidadania no senso comum e para além do senso comum, postulando, precisamente, a sua ultrapassagem. Os quatro capítulos seguintes destinam-se à análise de problemas específicos, a saber, de gênero (violência contra a mulher), terra (violência agrária) e trânsito (violência no trânsito), à luz daquele marco teórico.

---

[8] A qual foi organizada durante a primeira fase de minhas atividades de pós-doutorado, realizado sob a direção de Eugênio Raúl Zaffaroni (junto à Universidade de Buenos Aires, no período de abril/2003 a abril/2004) e consiste na revisão e reescritura, sistematizada, de textos que, nos últimos doze anos, publiquei esparsamente, na forma de artigos e capítulos de livros. Como o timoneiro que confere, no leme, o sentido do rumo a seguir, ainda que já o tenha mapeado, o esforço de recuar no tempo, ainda que às vezes mais trabalhoso que nova elaboração, foi imensamente válido, pois levou-me a reaprender, na diversidade de temas e contextos com os quais me defrontei, a unidade de meu próprio pensamento e argumentação; o fio condutor das preocupações e ocupações acadêmicas em nível de docência, pesquisa e extensão, precisamente a unidade e o fio que tecem o presente título e o elo com o futuro.

O conjunto dos textos da obra aponta para uma constatação fundamental, ainda que não tematizada em seu âmbito. Existe uma representação simbólica profunda, que acompanha a história da civilização e do controle social, e que subjaz a estruturas e organizações culturais do nosso tempo (como belicismo, capitalismo, patriarcalismo, racismo) e através delas se materializa, potencializando, com seu tecido bélico, específicas bipolaridades: esta representação é o *maniqueísmo*, uma visão de mundo e de sociedade dividida entre o bem e o mal, e talvez em nenhum outro senso comum, como aquele relativo à criminalidade e à cidadania, este maniqueísmo se expresse tão nítida e intensamente; como se expressa nos problemas específicos aqui tratados, que são lidos, respectivamente, como luta (separatista) de mulheres vitimadas contra homens violentos (quando se trata de luta de gênero), luta dos sem-terra violentos contra Estado e proprietários vitimados (quando se trata de luta de classe), luta pela segurança no trânsito contra condutores violentos de veículos.

Com efeito, no senso comum, existem os *homens de bem* e os *homens maus*, sendo os primeiros os artífices dos sadios valores e da boa vida que os segundos, em alarmante expansão, estariam impedindo de viver. A função declarada do sistema penal seria a de controlar a totalidade das condutas dos *homens maus* (a criminalidade) para garantir a boa vida dos homens bons (a cidadania).

A chave decodificadora deste senso comum radica no livre-arbítrio ou na liberdade de vontade, tão cara aos liberalismos do passado e do presente. Se tudo radica no sujeito, se sua bondade ou maldade são determinantes de sua conduta, as instituições, as estruturas e as relações sociais podem ser imunizadas contra toda culpa. Os etiquetados como criminosos podem então ser duplamente culpabilizados: seja por obstacularizarem a construção de sua própria cidadania (eis que não fazem por merecer, de acordo com a liberdade de vontade que supostamente detêm, e a moral do trabalho, que dela se deduz); seja por obstacularizarem a plenitude do exercício da cidadania alheia, encerrada que crescentemente se encontra no cárcere gradeado de sua propriedade privada.

E na ciranda do livre-arbítrio, quanto mais se anuncia o aumento e o alarma da criminalidade, mais se anuncia o aumento da culpabilização punitiva: o mercado da culpa e da responsabilidade individual e, portanto, do Direito e do sistema penal – o espaço da pena – é inesgotável. Uma cidadania assim maniqueistamente construída será perpetuamente seletiva, tão inalcançável para o mundo do mal quanto de questionável conteúdo para o acessível mundo do bem.

E é justamente aí, na interação entre os processos de construção social da cidadania e da criminalidade pelo sistema penal que se constrói e se reproduz, a sua vez, o senso comum da violência, identificada (e politicamente manipulada) com violência criminal; ou seja, com a criminalidade visível. Este código hegemônico da violência não casualmente coincide com a descrição de alguns crimes (contra os corpos e o patrimônio) no Código Penal, com as lições manualescas da Criminologia tradicional, e com a seletiva clientela da prisão. O senso comum da criminalidade coloniza inteiramente, submetendo ao seu reduto, o senso comum da violência. Nesta lógica matemática, o resultado é sempre o mesmo; nesta ciranda punitiva, criminoso=violento=mal=pobre e/ou excluído.

A mudança de paradigmas operada nas Ciências Sociais e particularmente na Criminologia, dando origem à Criminologia Crítica, tem possibilitado a desconstrução e a ultrapassagem deste senso comum da criminalidade, da cidadania e da violência, bem como das pseudossoluções a que conduzem, alicerçando a abertura de novas visões, novos discursos e novas práticas (práxis).

Com efeito, tratados, sob os auspícios do conhecimento interdisciplinar e particularmente da Criminologia Crítica, adotada aqui como marco teórico vertebral e da categoria central da ambiguidade (que tem sido relevada em meus escritos), os processos, simultâneos, de criminalização ou construção social da criminalidade, pelo sistema penal e de construção social da cidadania, no espaço público da vida, são vistos para além daquele senso comum maniqueísta, não como intrínseca, mas como politicamente contraditórios.

Enquanto a cidadania é dimensão de luta pela emancipação humana, em cujo centro radica(m) o(s)sujeito(s) e sua defesa intransigente (exercício de poder emancipatório), o sistema penal (exercício institucionalizado de poder punitivo) é dimensão de controle e regulação social, em cujo centro radica a reprodução de estruturas e instituições sociais, e não a proteção do sujeito, ainda que em nome dele fale e se legitime; enquanto a cidadania é dimensão de construção de direitos e necessidades, o sistema penal é dimensão de restrição e violação de direitos e necessidades; enquanto a cidadania é dimensão de luta pela afirmação da igualdade jurídica e da diferença das subjetividades o sistema penal é dimensão de reprodução da desigualdade e de desconstrução das subjetividades; em definitivo, enquanto a cidadania é dimensão de inclusão, o sistema penal é dimensão de exclusão social.

São processos contraditórios, então, no sentido criminológico crítico de que a construção (instrumental e simbólica) da criminalidade pelo sistema penal, incidindo seletiva e estigmatizantemente sobre a pobreza e a exclusão social, preferencialmente a masculina, reproduz, impondo-se como obstáculo central à construção da respectiva cidadania. E por construção *instrumental* e *simbólica* designa-se, precisamente, que o sistema penal somos, informalmente, todos nós, e que todos nós participamos da construção, pois ela inclui tanto a criminalidade *instrumentalmente* encarcerada nos confins da prisão (a sua clientela real) quanto a criminalidade *simbolicamente* representada no cárcere de nossa ideologia penal, aquela que associa, de imediato e esterotipadamente, pobres e negros com marginais; marginais com desempregados e traficantes; sem-terra com vagabundos e violentos, e assim por diante, e que reproduz o sistema penal.

Existe um macrossistema penal formal, composto pelas instituições oficiais de controle (Leis-Polícia-Ministério Público-Justiça-Prisão)[9] circundado pelas instituições informais de controle (Mídia-Mercado de trabalho-Escola-Família, etc.) e nós interagimos cotidianamente no processo, seja como operadores formais do controle ou equivalentes, seja *como senso comum ou opinião pública*, que desde o cenário de nossas vidas, sobretudo em frente à televisão (cenário em que a construção assume a dimensão de espetáculo massivo justamente para radicalizar o medo da criminalidade e a indignação contra o *Outro*) julga, seleciona, aprisiona e mata. E referenda que a resposta penal nunca é suficiente para o gigante criminalidade. O mercado da culpabilização punitiva é inesgotável...

Nesta perspectiva, a criminalização não apenas reproduz a divisão entre o bem e o mal e a não cidadania como responsabiliza os mesmos não cidadãos, que reproduz, pelo infortúnio da criminalidade, vale dizer, por sua própria criminalização, e por obstaculizar o exercício da boa cidadania: preciosa ciranda legitimadora e que vimos radicalizar-se a partir da década de 80 do século XX.

O que está a acontecer na atual fase da globalização e do capitalismo globalizado sob a ideologia neoliberal[10] todos sabem: desemprego

---

[9] Mais recentemente, há que se incluir instituições não-penais que passam a exercer funções respectivas, como o Congresso Nacional, o Banco Central, a Fazenda Pública, o Sistema Nacional de Trânsito, as mídias, etc.

[10] Por globalização entendo um novo momento de poder planetário correspondente à era da revolução tecnológica, da sociedade da comunicação e do espetáculo, caracterizado por transformações nas noções de tempo, espaço e movimento, por transformações econômicas (na esfera da produção e da acumulação de riqueza, e na esfera do mercado e do consumo, com a produção de desemprego estrutural, precariedade e flexibilização do trabalho), transformações políticas (erosão seletiva da soberania e do Estado-Nação, do espaço público e da democracia, desestru-

estrutural, radicalização da pobreza e da exclusão social (ademais do aumento da complexidade dos problemas sociais). E é precisamente porque, em parte, os produz, e porque este tem sido o preço da expansão do capital e do mercado sem fronteiras, que não pode resolvê-los, sequer enfrentá-los diretamente. E é justamente neste vazio de

---

turação do Estado social e expansão do Estado penal), transformações culturais e subjetivas (individualismo possessivo, mercantilização da vida, consumismo radicalizado, sentimento de intolerância para com o Outro, sentimento de insegurança e medo, fragmentação social e de classe).

Trata-se de uma realidade de poder marcada por uma dominação planetária capitaneada tanto por alguns Estados nacionais, notadamente os Estados Unidos da América, numa relação de conflito-cooperação com a Europa e com o Japão, como por novos atores e elites paraestatais e financeiros. A globalização da economia capitalista ou do capitalismo, derivada da própria lógica do sistema de acumulação de riqueza e potencializada pela tecnociência, pela desestruturação da União Soviética e pela queda do Muro de Berlim (comumente caracterizada por "globalização hegemônica"), encontra no neoliberalismo – o fundamentalismo de mercado – sua base teórico-ideológica operacionalizante e legitimante, sem com ela se confundir ou a ela se reduzir. O modo de produção capitalista ingressa numa fase pós-fordista, na qual o conflito central entre capital e trabalho, e entre burguesia e proletariado, dá lugar a uma não relação entre incluído e excluído. Todas essas transformações têm sido objeto de uma gigantesca literatura. As principais consequências sociais e humanas da globalização hegemônica são muito visíveis: radicalização do fosso que separa países ricos e pobres, centro e periferia, norte e sul do planeta, radicalização da desigualdade social planetária (inclusive nos países centrais), na forma de marginalização, miserabilidade e exclusão, cujo controle social será justamente refuncionalizado para as forças do sistema penal e de segurança pública. (A respeito ver BERGALLI, 2003 e ZAFFARONI, 1999)

E esta exclusão dá-se, pois, "em três níveis: exclusão econômica dos mercados de trabalho, exclusão social entre pessoas na sociedade civil, e nas atividades excludentes sempre crescentes do sistema penal e da segurança privada". (YOUNG, 2002, p. 11)

A tese de Wacquant (2001a, p. 18) sintetizada na tríade "[...] supressão do Estado econômico, enfraquecimento do Estado social, fortalecimento e glorificação do Estado penal", tem por fim indicar que hoje não se pode compreender as políticas securitárias, legais, policiais ou penitenciárias, que se desenvolvem inicialmente nos Estados Unidos e Europa, se globalizando, sem "recolocá-las no quadro de transformações mais amplas do Estado, transformação que é, ela mesma, ligada às mutações do emprego e à oscilação da relação de forças entre as classes e grupos que lutam por seus controles. E nessa luta é o grande patronato e as frações "modernizadoras" da burguesia e da nobreza de Estado que, aliadas sob a bandeira do neoliberalismo tomaram a frente e iniciaram uma vasta campanha de sabotagem da potência pública. Desregulação social, ascensão do salário precário [...] e retomada do Estado punitivo seguem juntos: a 'mão invisível' do mercado de trabalho precarizado encontra seu complemento institucional no 'punho de ferro' do Estado que se reorganiza de maneira a estrangular as desordens geradas pela difusão da insegurança social. À regulação das classes populares por aquilo que Pierre Bordieu chama a 'mão esquerda' do Estado, simbolizada por educação, saúde, assistência e habitação social, substitui-se – nos Estados Unidos – ou acrescenta-se – na Europa – a regulação por sua 'mão direita', polícia, justiça e prisão, cada vez mais ativa e intrusiva nas zonas inferiores do espaço social". (Wacquant, 2001b, p. 135-136)

Guardadas todas as especificidades de contexto, este modelo, globalizado, atinge a América Latina, inicialmente o Chile, e, na transição da década de 80 para 90 do século XX, o Brasil, em cujo centro se encontra o modelo da "guerra às drogas" (nucleado na criminalização do tráfico) que juntamente com a tradicional criminalização das condutas contra o patrimônio, a sexualidade e a vida (furto e roubo simples e qualificado, estupro, lesões, homicídio), elevaram o sistema penal brasileiro ao patamar da terceira maior criminalização e população carcerária do mundo, sem computar, nesta matemática, as mortes e o extermínio, sobretudo de jovens negros e pobres das periferias urbanas, perpetrados pelas forças do sistema de segurança pública, no exercício de suas funções de controle da ordem e prevenção da criminalidade.

respostas que se deve buscar compreender o agigantamento da resposta penal, a preferida do poder globalizado e de cuja funcionalidade passa a depender um igual agigantamento midiático na relegitimação do sistema penal (teórica e empiricamente deslegitimado). A mídia encarrega-se de encenar, entre o misto do drama e do espetáculo, uma sociedade comandada pelo banditismo da criminalidade, e de construir um imaginário social amedrontado. À mídia incumbe acender os holofotes, seletivamente, sobre a expansão da criminalidade e firmar o jargão da necessidade de segurança pública como o senso mais comum do nosso tempo. Como o elo mais compulsivo que unindo *Nós* contra o *Outro* (*Outsiders*) agiganta, por sua vez, a dimensão do inimigo criminalidade. Este inimigo, tornando cenicamente maior que todos os demais, concorre para invisibilizar o enredo do poder que subjaz à força simbólica do maniqueísmo, punitivamente reapropriado, e concorre para invisibilizar, em definitivo, que quem se expande não é, propriamente, a criminalidade (prática de fatos definidos como crimes) mas a criminalização (definições de crime e etiquetamento seletivo de criminosos pelo sistema penal), que a coconstitui e produz.

Com efeito, uma das características mais marcantes da globalização neoliberal é precisamente a de que radicaliza os potenciais bélicos do maniqueísmo e tendo a seu favor o braço armado do Estado (o sistema penal) e das Nações, a tecnologia e o senso comum midiático, agiganta e banaliza tanto a guerra quanto a criminalização, que assumem absoluta prioridade sobre outras formas, menos violentas, de controle social.

Desta forma, a globalização,[11] impondo-se como nova etapa de dominação planetária, impõe um controle penal que se orienta, *simbolicamente*, na direção de todos os problemas e *instrumentalmente*, na direção dos "excluídos" dos benefícios da economia globalizada, tendo impacto decisivo sobre a expansão quantitativa e qualitativa do atual sistema penal, modelo que se globaliza, também e sobretudo sob a influência da matriz norte-americana (Movimento de Lei e Ordem e Política de Tolerância Zero).[12]

Fortalecendo o discurso e as técnicas da *guerra* contra o crime e da segurança pública[13] (limpeza do espaço público e devolução das ruas

---

[11] A respeito, ver ZAFFARONI (1997) e BAUMAN (1999).

[12] Eficientismo penal ou Movimento de Lei e Ordem é o nome, adequado na sua inadequação, que, em terreno de Políticas Criminais vulgarizou-se para designar esse gigante punitivo. Em suas diversas materializações públicas e legislativas, caracteriza-se por preconizar o fortalecimento da punição e da prisão, acompanhado da supressão de garantias penais e processuais básicas, que violam frontalmente o ideal constitucional de Estado Democrático de Direito.

[13] A respeito, ver SABADEL (2000b).

aos *cidadãos*), o controle penal globalizado radicaliza a função simbólica do Direito Penal através de uma hiperinflação legislativa, ou seja, a promessa e a ilusão de resolução dos mais diversos problemas sociais através do penal, ao tempo em que redescobre, ao lado dos tradicionais, os novos "inimigos" (o *mal*) contra os quais deve guerrear (terroristas, traficantes, sem-teto, sem-terra, etc.) não poupando, ainda que simbolicamente, a própria burguesia nacional (sonegadores, depredadores ambientais, corruptos, condutores de veículos, etc.), que se toma também vulnerável em face do poder globalizado do capital.

A seletividade subsiste como lógica estrutural de funcionamento do sistema penal, mas extrapola a seleção de classe, de gênero e étnica para alcançar a seleção penal e/ou extermínio daqueles que "não têm um lugar no mundo" ou que foram absorvidos pelo mercado informal e ilegal de trabalho, competitivo com o mercado oficial.

A expansão punitiva – maximização do espaço da pena – é apresentada em espetacular orquestração jurídica, política e midiática, com o mesmo absolutismo com que a globalização neoliberal se apresenta, a saber, como *caminho único*, seja como pretensa solução para o combate à maximização da criminalidade e obtenção de segurança; seja como solução para uma infinidade de problemas complexos e heterogêneos entre si – como meio ambiente e violência contra a mulher, violência no campo e no trânsito, lavagem de dinheiro e tráfico de drogas, corrupção e assédio sexual – de tal modo que se pode propriamente falar de um *fundamentalismo* punitivo, por analogia a outros de nosso tempo como o religioso, o econômico e político. E este fundamentalismo agudiza, por sua vez, os déficit de construção da cidadania que estão na base, no mais das vezes, daqueles problemas, dos quais, como referi, abordo três.

A perplexidade radica em que, em virtude mesmo de um processo de relegitimação midiática sem precedentes, o Estado criminalizador – visível por exemplo nos problemas agrário e de trânsito – é socialmente sustentado não apenas por setores politicamente conservadores (Movimento de Lei e Ordem), mas por setores progressistas (como movimentos de mulheres e feministas), uma vez que todos parecem crescentemente seduzidos pelas promessas ilusionistas de combate à violência e proteção de direitos ofertada no crescente mercado do sistema penal. O nó punitivo faz-se elo de curiosa intersecção.

O ator *visível* central, embora longe de ser exclusivo – justamente porque sustentado por sujeitos sociais individuais e coletivos, em nível local, nacional ou global – deste processo bipolar de sobrestimação do espaço da pena e subestimação do espaço da cidadania, é o próprio

Estado na caricatura de Estado mínimo (neoliberal). Ora, se o Direito e o sistema penal *estatais* estão se tornando máximos, como máximos também estão a se tornar o Direito e os sistemas Administrativo e Tributário, é porque o Estado mínimo é uma falácia. De fato, o Estado e o Direito só estão a se tornar mínimos no campo social (Direito do Trabalho, Previdenciário), que é precisamente o campo vital, o campo mais nobre para a construção da cidadania, do qual se retiram com a mesma selvageria que colonizam e se expandem pelo campo penal (Administrativo, Tributário), de modo que a caricatura do Estado mínimo equivale a sistema penal máximo x cidadania mínima, para alguns.

Ao Estado neoliberal mínimo no campo social e da cidadania, passa a corresponder um Estado máximo, onipresente e espetacular, no campo penal. Os déficit de dívida social e cidadania são ampla e verticalmente compensados com excessos de criminalização; os déficit de terra, moradias, estradas, ruas, empregos, escolas, creches e hospitais, com a multiplicação de prisões, a instrumentalidade da Constituição, das leis e direitos sociais, pelo simbolismo da lei penal, a potencialização da cidadania pela vulnerabilidade à criminalização.

As implicações para a cidadania – e a democracia – são significativas. Quanto mais se expande e legitima publicamente o sistema penal, chegando ao ponto, muitas vezes, do extermínio socialmente legitimado, mais obstáculos à construção da cidadania e mais riscos para a gestão dialogal e democrática do poder, eis que o binômio exclusão-criminalização, que faz dos pobres e dos excluídos socialmente os selecionados penalmente (criminalizados) radicaliza a escala vertical da sociedade (a desigualdade e as assimetrias), potencializando que a sociedade excludente se torne, cada vez mais, abortiva e exterminadora.

Estamos perante autêntica "indústria do controle do crime"[14] que, realizando a passagem do "Estado providência" ao "Estado penitência"[15] cimenta as bases de um "genocídio em marcha", de um "genocídio em ato".[16]

Ora, é preciso dizer não a este "genocídio em marcha". É preciso insistir em que os códigos da violência – no plural – são precisamente os códigos silenciados pelo catálogo penal e que a violência visível é apenas a sintomatologia das violências invisíveis. É preciso inverter o senso comum para visibilizar, por ordem, a violência do poder, das estruturas, das instituições e a humana ao final, e somente no contexto do enredo global. Os códigos da violência têm que ser urgente e vital-

---

[14] CHRISTIE (1998).
[15] WACQUANT (2001a e 2001b).
[16] ZAFFARONI (1991).

mente submetidos a outras lupas e holofotes que não os da tecnologia midiática, cujo *flash* não ultrapassa a cena da dor – sangue e lágrimas – para radiografar os braços que se armam muito aquém do humano.

É assim que esta obra aponta, reiteradamente, para a necessidade de reverter a estrutural desigualdade dos espaços impostos pelo *caminho único*, para atuar (na contramão!?) em um processo de maximização dos espaços da cidadania e de minimização da criminalização e do sistema penal. Nesta esteira, a construção social da cidadania deve funcionar como antítese democrático-emancipatória à construção social autoritário-reguladora da criminalidade; a maximização dos potencias vitais e democráticos da cidadania deve operar, processualmente, no sentido da minimização dos potenciais genocidas da criminalização; no sentido da ultrapassagem ou superação da cultura e da engenharia punitiva e da dor e das mortes – da violência – que têm arrastado consigo, superação que é, a um só tempo, estrutural e ideológica, teórica e prática e, neste sentido, passa pela mudança de paradigmas – e da ideologia penal dominante – não apenas na Ciência e na Academia, mas no senso comum e na práxis do controle social informal e formal (operadores do sistema penal).

Estamos diante de uma luta de dupla via, que envolve a socialização de um contradiscurso ideológico ao Movimento de Lei e Ordem, tanto através da mídia e demais mecanismos de controle social informal. Desde os desenhos animados e os brinquedos bélicos que reproduzem a lógica "mocinho x bandido" até a Escola e particularmente as Escolas de Direito (formadoras do senso comum jurídico); quanto através do controle penal formal, implicando, aqui, a radical primazia do Direito Constitucional sobre o Direito Penal, da Constituição e seus potenciais simbólicos para a efetivação da(s) cidadania(s) sobre o Código Penal, da constitucionalização sobre a criminalização, como procuro mostrar nos problemas singulares aqui tratados.

A perspectiva é, portanto, a de expandir os espaços de luta pela cidadania também por dentro das potencialidades do próprio Direito, procurando fortalecer o espaço do Direito Constitucional, sobretudo, sobre o Direito e o sistema penal. Trata-se, portanto, de deslocar o leme da rota punitiva e de ressaltar a importância da construção de um espaço público politizado pela via do próprio Direito recoberto e sustentado, obviamente, pelo plano das Declarações internacionais de direitos humanos, e conduzente a uma construção *positiva* da cidadania.

Imperioso, pois, desde uma perspectiva transformadora, que a mudança paradigmática ocorrida nas Ciências Sociais, e particularmente na Criminologia alce o plano da rua (espaço público) e da transformação ideológica do senso comum da criminalidade, do sistema penal e da violência, bem como da cidadania, para assim possibilitar nova apreensão e equacionamento dos problemas de gênero, de terra, trânsito e tantos outros.

Certamente que, sob nova lupa, aquele senso comum remete a novos interrogantes e diferentes desenhos, conforme se trate da mulher, dos sem-terra ou do trânsito. Por que pena (Código Penal) e não prevenção à violência doméstica (Constituição da República Federativa do Brasil) ou mediação familiar? Por que pena e não função social da propriedade e reforma agrária e agrícola? (Constituição da República Federativa do Brasil) Por que multa e pena e não educação para o trânsito? Por que priorizar o medo em detrimento da pedagogia???

O desafio da cidadania está, ininterruptamente, posto, para a academia e a rua, a teoria e a práxis, o conhecimento e a ação, dialeticamente. Há muito o que construir nesta direção, desde que se rompa com o senso comum dominante, e este é o desafio democrático que hoje se impõe, sobretudo, aos que têm o poder da criminalização *stricto sensu*; pois têm, igualmente, o poder de reencontrar o território da cidadania, o único capaz de confrontar a geografia genocida do penal, porque autêntico território da construção da dignidade humana; o território onde as lutas das mulheres, do movimento dos trabalhadores rurais brasileiros e no trânsito se inscrevem.

Ao finalizar esta apresentação, quero deixar registrados os meus agradecimentos à Universidade Federal de Santa Catarina (UFSC), pelo precioso tempo de licenciamento para estudos; ao Conselho Nacional de Desenvolvimento Científico e Tecnológico (CNPq), pela decisiva importância do patrocínio às pesquisas cujos resultados aqui se consubstanciam, mas, sobretudo, pela decisiva importância para a sobrevivência e dignidade do pesquisador brasileiro; a todas as pessoas e demais Instituições que concorreram para a concretização de referidas pesquisas e a todos os interlocutores (mestres, alunos, colegas, amigos, familiares) que me permitiram trocas acadêmicas e existenciais singulares, e os quais deixo de nominar para não cometer injustiças, dada a extensão temporal coberta por esta publicação. Meus agradecimentos, enfim, a Eugenio Raúl Zaffaroni, que em meio às sucessivas responsabilidades de sua exuberante biografia de jurista e homem público, acolheu-me desde a primeira carta de intenções para o pós-doutorado, com receptividade e despojamento ímpares.

Buenos Aires, julho de 2003.

1. Do (pre)conceito positivista a um novo conceito de criminalidade: pela mudança do senso comum sobre a criminalidade e o sistema penal[17]

1.1. Introdução

Neste artigo abordo, numa perspectiva sincrônica antes que diacrônica (histórica), a mudança do paradigma etiológico para o paradigma da reação social que a Criminologia experimentou desde a década de sessenta do século passado, situando a desconstrução epistemológica que o novo paradigma operou em relação ao tradicional e à permanência deste no senso comum, para além desta desconstrução, pela sua importante funcionalidade (não declarada) como ciência do controle sociopenal e, nesse sentido, mantenedora do *status quo* social. Abordar tal mudança paradigmática implica, antes de mais nada, abordar a mudança, nuclearmente havida em seu âmbito, no conceito de criminalidade e que conduziu a uma nova visão do sistema penal. De fato, como procuro demonstrar, o conceito corrente de criminalidade no senso comum, tributário de uma pretensa racionalização "científica" pela Criminologia positivista (desenvolvida com base no paradigma etiológico), não encontra, depois da desconstrução contra ele efetuada pela Criminologia desenvolvida com base no paradigma da reação social, nenhuma base teórica e empírica de sustentação. Mas permanece hegemônico, no senso comum (e particularmente no senso comum jurídico dos operadores do sistema penal) porque confere sustentação ideológica ao modelo positivista de "combate à criminalidade" através do sistema, que chega ao século XXI, por motivos

---

[17] Este texto foi originalmente publicado sob o título "Do paradigma etiológico ao paradigma da reação social: mudança e permanência de paradigmas criminológicos na ciência e no senso comum". *Seqüência*, Florianópolis, UFSC, n.30, p.24-36, jun. 1995; *Revista Brasileira de Ciências Criminais*. São Paulo, n.14, p. 276-287, abr./jun. 1996.

evidentemente políticos e não científicos, mais fortalecido do que nunca. Dessa forma, a mudança de paradigma na ciência não tem ultrapassado o espaço acadêmico para alçar o espaço público da rua (em sentido lato) e provocar a necessária transformação cultural no senso comum sobre a criminalidade e o sistema penal; necessária, evidentemente, não do ponto de vista da manutenção, mas da superação do atual modelo de controle punitivo em que o sistema penal se insere. Muitas razões justificam, penso, a atenção aqui dedicada ao tema. Mas ao invés de explicitá-las – o que ensejaria basicamente um outro artigo – deixo que o leitor extraia suas próprias conclusões.

1.2. O positivismo e o paradigma etiológico de Criminologia: o (pre)conceito de criminalidade no senso comum

A Antropologia criminal de C. Lombroso e, a seguir, a Sociologia Criminal de Ferri[18] constituem duas matrizes fundamentais na conformação do chamado paradigma etiológico de Criminologia, o qual se encontra associado à tentativa de conferir à disciplina o estatuto de uma ciência segundo os pressupostos epistemológicos do positivismo[19] e ao fenômeno, mais amplo, de cientificização do controle social, na Europa de fim do século XIX.

Na base deste paradigma, a Criminologia (por isso mesmo positivista) é definida como uma ciência causal-explicativa da criminalidade; ou seja, que tendo por objeto a criminalidade concebida como um fenômeno natural, causalmente determinado, assume a tarefa de explicar as suas causas segundo o método científico ou experimental e o auxílio das estatísticas criminais oficiais e de prever os remédios para combatê-la. Ela indaga, fundamentalmente, o que o homem (criminoso) faz e por que o faz.

O pressuposto, pois, de que parte a Criminologia positivista é que a criminalidade é um meio natural de comportamentos e indivíduos que os distinguem de todos os outros comportamentos e de todos os outros indivíduos. Sendo a criminalidade esta realidade ontológica, preconstituída ao Direito Penal (crimes "naturais") que, com exceção

---

[18] O "L'Uomo delinqüente" de LOMBROSO (publicado em 1876), a "Sociologia Criminale" de FERRI (publicada em 1891) e a "Criminologia – studio sul delitto e sulla teoria della represione" de GARÓFALO (publicada em 1885) com enfoque, respectivamente, antropológico, sociológico e jurídico, são consideradas as obras básicas caracterizadoras da chamada Escola Positiva italiana e os três seus máximos definidores e divulgadores. Sobre a inserção histórica e os condicionamentos deste paradigma, bem como sua transnacionalização, ver ANDRADE (1997a, cap. I).

[19] Sobre a caracterização do positivismo, ver ANDRADE (1997a) e TAYLOR, WALTON, YOUNG (1990).

dos chamados crimes "artificiais"[20] não faz mais do que reconhecê-la e positivá-la, seria possível descobrir as suas causas e colocar a ciência destas a serviço do seu combate em defesa da sociedade.

A primeira e célebre resposta sobre as causas do crime foi dada pelo médico italiano Lombroso, que sustenta, inicialmente, a tese do criminoso nato: a causa do crime é identificada no próprio criminoso. Partindo do determinismo biológico (anatômico-fisiológico) e psíquico do crime e valendo-se do método de investigação e análise próprio das ciências naturais (observação e experimentação), procurou comprovar sua hipótese através da confrontação de grupos não criminosos com criminosos dos hospitais psiquiátricos e prisões, sobretudo do sul da Itália, pesquisa na qual contou com o auxílio de Ferri, quem sugeriu, inclusive, a denominação "criminoso nato". Procurou desta forma individualizar nos criminosos e doentes apenados anomalias sobretudo anatômicas e fisiológicas[21] vistas como constantes naturalísticas que denunciavam, a seu ver, o tipo antropológico delinquente, uma espécie à parte do gênero humano, predestinada, por seu tipo, a cometer crimes.

Sobre a base dessas investigações, buscou primeiramente no atavismo uma explicação para a estrutura corporal e a criminalidade nata. Por regressão atávica, o criminoso nato se identifica com o selvagem. Posteriormente, diante das críticas suscitadas, reviu sua tese, acrescentando como causas da criminalidade a epilepsia e, a seguir, a loucura moral. Atavismo, epilepsia e loucura moral constituem o que Vonnacke denominou de "tríptico lombrosiano".[22]

Desenvolvendo a antropologia lombrosiana numa perspectiva sociológica, Ferri admitiu, por sua vez, uma tríplice série de causas ligadas à etiologia do crime: individuais (orgânicas e psíquicas), físicas (ambiente telúrico) e sociais (ambiente social) e, com elas, ampliou a originária tipificação lombrosiana da criminalidade.

Assim Ferri (1931, p. 44-45, 49 e 80) sustentava que o crime não é decorrência do livre arbítrio, mas o resultado previsível determinado por esta tríplice ordem de fatores que conformam a personalidade de uma minoria de indivíduos como "socialmente perigosa". Seria fundamental, pois, "ver o crime no criminoso" porque ele é, sobretudo,

---

[20] Segundo a distinção entre delitos "naturais" e "artificiais", que ficou a dever-se a GAROFALO, se considera que apenas os delitos "artificiais" representam, excepcionalmente, violações de determinados ordenamentos políticos e econômicos e resultam sancionados em função da consolidação dessas estruturas.

[21] Como pouca capacidade craniana, frente fugidia, grande desenvolvimento dos arcos zigomático e maxilar, cabelo crespo e espesso, orelhas grandes, agudeza visual, etc.

[22] A respeito do exposto, ver LOMBROSO (1983); SOUZA (1982, p. 17-8) e LAMNEK (1980, p. 20).

sintoma revelador da personalidade mais ou menos perigosa (antissocial) de seu autor, para a qual se deve dirigir uma adequada "defesa social".

Daí a tese fundamental de que ser criminoso constitui uma propriedade da pessoa que a distingue por completo dos indivíduos normais. Ele apresenta estigmas determinantes da criminalidade.

Estabelece-se desta forma uma divisão aparentemente "científica" entre o (sub)mundo da criminalidade, equiparada à marginalidade e composta por uma "minoria" de sujeitos potencialmente perigosos e anormais (o "mal"), e o mundo, decente, da normalidade, representado pela maioria na sociedade (o "bem").

A violência é, dessa forma, identificada com a violência individual (de uma minoria) a qual se encontra, por sua vez, no centro do conceito dogmático de crime, imunizando a relação entre a criminalidade e a violência institucional e estrutural.

E é esse potencial de periculosidade social que os positivistas identificaram com anormalidade e situaram no coração do Direito Penal,[23] que justifica a pena como meio de defesa social e seus fins socialmente úteis: a prevenção especial positiva (recuperação do criminoso mediante a execução penal) assentada na ideologia do tratamento que impõe, por sua vez, o princípio da individualização da pena como meio hábil para a elaboração de juízos de prognose no ato de sentenciar.[24]

Logo, trata-se de defender a sociedade desses seres perigosos que se apartam ou que apresentam a potencialidade de se apartar do normal (prognóstico científico de periculosidade) havendo que os ressocializar ou neutralizar. (Bustos Ramírez, *in* Bergalli e Bustos Ramírez, 1983, p. 17)

Esse saber causal gerou, pois, um saber tecnológico: não apenas o diagnóstico da patologia criminal, mas acompanhada do remédio que cura.

Instaura-se, dessa forma, o discurso do combate contra a criminalidade (o "mal") em defesa da sociedade (o "bem") respaldado pela ciência. A possibilidade de uma explicação "cientificamente" fundamentada das causas enseja, por extensão, uma luta científica contra a

---

[23] Foi GAROFALO (1983), quem, projetando as concepções antropológicas e sociológicas do positivismo para o Direito Penal, formulou o conceito de "temibilidade do delinquente", significando a perversidade constante e ativa do delinquente e a quantidade do mal previsto que há que se temer por parte dele, depois substituído pelo termo mais expressivo de periculosidade.

[24] E justifica, também, a introdução das medidas de segurança por tempo indeterminado, pois elas devem durar até que o criminoso apareça recuperado para a vida livre e honesta.

criminalidade, erigindo o criminoso em destinatário de uma política criminal de base, igualmente, científica. A um passado de periculosidade confere-se um futuro: a recuperação.

Obviamente, é um modelo consensual de sociedade que opera por detrás deste paradigma, segundo o qual não se problematiza o Direito Penal – visto como expressão do interesse geral – mas os indivíduos, diferenciados, que o violam. A sociedade experimenta uma única e maniqueísta assimetria: a divisão entre o bem e o mal.

As representações do determinismo/criminalidade ontológica/periculosidade/anormalidade/tratamento/ressocialização se complementam num círculo extraordinariamente fechado, conformando uma percepção da criminalidade que se encontra, há um século, profundamente enraizada nas agências do sistema penal e no senso comum da sociedade. E porque revestida de todas as representações que permitiriam consolidar uma visão profundamente estereotipada do criminoso – associada à clientela da prisão e, portanto, aos baixos estratos sociais – serviu para consolidar, muito mais do que um conceito, um verdadeiro (pre)conceito sobre a criminalidade.

1.3. O *labelling approach*[25] e o paradigma da reação social: uma revolução de paradigma em Criminologia e um novo conceito de criminalidade e sistema penal

Esse paradigma, com o qual nasceu a Criminologia como ciência no final do século XIX, liberta-se, assim, de suas condições originárias de nascimento para se transnacionalizar em grande escala, permanecendo, não apenas na Europa, na base de posteriores desenvolvimentos da disciplina, inclusive os mais modernos que, à indagação sobre as causas da criminalidade, forneceram respostas diferentes das antropológicas e sociológicas do positivismo originário e que nasceram, em parte, da polêmica com ele (teorias explicativas de ordem psicanalítica, psiquiátrica, multifatoriais, etc.). (Baratta, 1982a, p. 29)

---

[25] O *labelling approach* é designado na literatura, alternativa e sinonimicamente, por enfoque (perspectiva ou teoria) do interacionismo simbólico, etiquetamento, rotulação ou ainda por paradigma da "reação social" (*social reaction approach*), do "controle" ou da "definição". Ele surge nos Estados Unidos da América no fim da década de 50 e início da década de 60 com os trabalhos de autores como H. Garfinkel, E. Gofmann, K. Ericson, A. Cicourel, H. Becker, E, Schur, T. Scheff, Lemert, Kitsuse, entre outros, pertencentes à "Nova Escola de Chicago" com o questionamento do paradigma funcional até o momento dominante dentro da Sociologia norte-americana. Considera-se H. Becker, sobretudo através de seu já clássico *Outsiders* (publicado em 1963), o fundador deste paradigma criminológico. E na verdade, *Outsiders* persiste ainda como a obra central do *labelling*, a primeira onde esta nova perspectiva aparece consolidada e sistematizada e onde se encontra definitivamente formulada a sua tese central.

Mas enquanto a Criminologia europeia permanece relativamente estanque, do ponto de vista epistemológico, é no mundo anglo-saxão, em particular na América do Norte, que experimentará um posterior desenvolvimento, sobretudo como Sociologia Criminal, assumindo a dianteira teórica da disciplina e preparando o terreno para uma mudança de paradigma em Criminologia.[26]

Foi assim que a introdução do *labelling approach*, devido sobretudo à influência de correntes de origem fenomenológica (como o interacionismo simbólico e a etnometodologia) na sociologia do desvio e do controle social e de outros desenvolvimentos da reflexão histórica e sociológica sobre o fenômeno criminal e o Direito Penal determinou, no seio da Criminologia contemporânea, a constituição de um paradigma alternativo relativamente ao paradigma etiológico: o paradigma da "reação social" (*social raction approach*) do "controle" ou da "definição". (Baratta, 1983, p. 147; 1991, p. 225)

Modelado pelo interacionismo simbólico[27] e a etnometodologia[28] como esquema explicativo da conduta humana (o construtivismo social), o *labelling* parte dos conceitos de "conduta desviada" e "reação social" como termos reciprocamente interdependentes para formular sua tese central: a de que o desvio e a criminalidade não são uma qualidade intrínseca da conduta ou uma entidade ontológica preconsti-

---

[26] É justamente esse desenvolvimento da Criminologia desde os anos 30 do século passado que BARATTA (1991, p. 35 *et seq.* e 1982a, p. 33-36), reconstrói para demonstrar que, não obstante demarcado num sistema jurídico e numa Ciência do Direito Penal muito diversos dos característicos da Europa Ocidental, preparou o terreno para esta mudança paradigmática que ocorre, pois, como um processo sem solução de continuidade na história da disciplina.

[27] Direção da Psicologia Social e da Sociolingüística inspirada em Charles COOLEY e George H. MEAD. Do interacionismo desenvolvido por MEAD, cuja tese central pode ser resumida em que a sociedade é interação e que a dinâmica das instituições sociais somente pode ser analisada em termos de processos de interação entre seus membros, se derivaram diversas escolas dentre as quais a "Escola de Chicago" à que pertencem LEMERT e BECKER, a escola dramatúrgica de GOFFMAN e a Etnometodologia. O interacionismo simbólico representa uma certa superação da antinomia rígida das concepções antropológicas e sociológicas do comportamento humano, ao evidenciar que não é possível considerar a sociedade – assim como a natureza humana – como dados estanques ou estruturas imutáveis. A sociedade, ou seja, a realidade social, é constituída por uma infinidade de interações concretas entre indivíduos, aos quais um processo de tipificação confere um significado que se afasta das situações concretas e continua a estender-se através da linguagem. O comportamento do homem é assim inseparável da "interação social", e sua interpretação não pode prescindir desta mediação simbólica. ALVAREZ (1990, p. 19); DIAS e ANDRADE (1984, p. 344-5)

[28] Direção inspirada na sociologia fenomenológica de Alfred SHUTZ. Segundo a etnometodologia, também, a sociedade não é uma realidade que se possa conhecer objetivamente, mas o produto de uma "construção social" obtida mediante um processo de definição e de tipificação por parte dos indivíduos e grupos diversos. Consequentemente, para o interacionismo e a etnometodologia, estudar a "realidade social" (por exemplo, a conduta desviada e a criminalidade) significa, essencialmente, estudar esses processos, partindo dos que são aplicados a simples comportamentos para chegar às construções mais complexas, como a própria ordem social. BARATTA (1991, p. 85-6); DIAS e ANDRADE (1984, p. 54).

tuída à reação social e penal, mas uma qualidade (etiqueta) atribuída a determinados sujeitos através de complexos processos de interação social, isto é, de processos formais e informais de definição e seleção.

Uma conduta não é criminal "em si" (qualidade negativa ou nocividade inerente) nem seu autor um criminoso por concretos traços de sua personalidade ou influências de seu meio ambiente. A criminalidade se revela, principalmente, como um *status* atribuído a determinados indivíduos mediante um duplo processo: a "definição" legal de crime, que atribui à conduta o caráter criminal, e a "seleção" que etiqueta e estigmatiza um autor como criminoso entre todos aqueles que praticam tais condutas.

Consequentemente, não é possível estudar a criminalidade independentemente desses processos. Por isso, mais apropriado que falar da criminalidade (e do criminoso) é falar da criminalização (e do criminalizado), e esta é uma das várias maneiras de construir a realidade social. (Baratta, 1982a, p. 35; Pablos de Molina, 1988, p. 581-583; Hassemer, 1984, p. 81-2; Hulsman, 1986, p. 127-8; Alvarez, 1990, p. 15-6 e 21)

Esta tese, da qual provém sua própria denominação ("etiquetamento", "rotulação"), se encontra definitivamente formulada na obra de Becker (1971, p. 19) nos seguintes termos:

> Os grupos sociais criam o desvio ao fazer as regras cuja infração constitui o desvio e aplicar ditas regras a certas pessoas em particular e qualificá-las de marginais (estranhos). Desde esse ponto de vista, o desvio não é uma qualidade do ato cometido pela pessoa, senão uma consequência da aplicação que os outros fazem das regras e sanções para um "ofensor". O desviante é uma pessoa a quem se pode aplicar com êxito dita qualificação (etiqueta); a conduta desviante é a conduta assim chamada pela gente.

Numa segunda aproximação, a criminalidade se revela como o processo de interação entre ação e reação social de modo "que um ato dado seja desviante ou não depende em parte da natureza do ato (ou seja, se quebranta ou não alguma regra), e em parte do que outras pessoas fazem a respeito". (Becker, 1971, p. 13)

Ainda no dizer de Becker (1971, p. 14),

> devemos reconhecer que não podemos saber se um certo ato vai ser catalogado como desviante até que seja dada a resposta dos demais. O desvio não é uma qualidade presente na conduta mesma, senão que surge da interação entre a pessoa que comete o ato e aqueles que reagem perante o mesmo.

Ao afirmar que a criminalidade não tem natureza ontológica, mas social e definitorial e acentuar o papel constitutivo do controle social[29] na sua construção seletiva, o *labelling* desloca o interesse cognoscitivo e a investigação das "causas" do crime e, pois, da pessoa do autor e seu meio e mesmo do fato-crime, para a reação social da conduta desviada, em especial para o sistema penal.

Como objeto dessa abordagem, o sistema penal não se reduz ao complexo estático das normas penais, mas é concebido como um processo articulado e dinâmico de criminalização ao qual concorrem todas as agências do controle social formal, desde o Legislador (criminalização primária), passando pela Polícia, o Ministério Público e a Justiça (criminalização secundária) até o sistema penitenciário e os mecanismos do controle social informal (família, escola, mercado de trabalho, mídia). Em decorrência, pois, de sua rejeição ao determinismo e aos modelos estáticos de comportamento, o *labelling* conduziu ao reconhecimento de que, do ponto de vista do processo de criminalização seletiva, a investigação das agências formais de controle não pode considerá-las como agências isoladas umas das outras, autossuficientes e autorreguladas, mas requer, no mais alto grau, um *approach* integrado que permita apreender o funcionamento do sistema como um todo. (Dias; Andrade, 1984, p. 373-4)

Nesse sentido, não apenas a criminalização secundária insere-se no *continuum* da criminalização primária, mas o processo de criminalização seletiva, acionado pelo sistema penal se integra na mecânica do controle social global da conduta desviada de tal modo que para compreender seus efeitos é necessário apreendê-lo como um subsistema encravado dentro de um sistema de controle e de seleção de maior amplitude. Sendo uma espécie, pois, do gênero controle social, o sistema penal não realiza o processo de criminalização e estigmatização à margem ou inclusive contra os processos gerais de etiquetamento que têm lugar no seio do controle social informal, como a família e a

---

[29] Por reação ou controle social designa-se, pois, em sentido lato, as formas com que a sociedade responde, informal ou formalmente, difusa ou institucionalmente, a comportamentos e a pessoas que contempla como desviantes, problemáticas, ameaçantes ou indesejáveis, de uma forma ou de outra e, nesta reação, demarca (seleciona, classifica, estigmatiza) o próprio desvio e a criminalidade como uma forma específica dele. Daí a distinção entre controle social informal ou difuso e controle social formal ou institucionalizado. O primeiro é o controle exercido por instâncias que não têm uma competência específica para agir e são exemplos típicos dele: a Família, a Escola, a Mídia, a Religião, a Moral, etc. O segundo é precisamente o controle institucionalizado no sistema penal (Constituição – Leis Penais, Processuais Penais e Penitenciárias – Polícia-Ministério Público-Justiça-Sistema Penitenciário – Ciências criminais e ideologia) e por ele exercido, com atribuição normativa específica. Daí a denominação de sistema de controle penal, espécie do gênero controle social que, por isso mesmo, atua em interação com ele. Em suma, a unidade funcional do controle é dada por um princípio binário e maniqueísta de seleção; a função do controle social, informal e formal é selecionar entre os bons e os maus, os incluídos e os excluídos; quem fica dentro, quem fica fora do universo em questão. A respeito, ver ANDRADE (1994 e 1997a); COHEN (1988, p. 15).

escola (por exemplo, o filho estigmatizado como "ovelha negra" pela família, o aluno como "difícil" pelo professor, etc.) e o mercado de trabalho, entre outros. (Hassemer, 1984, p. 82; Conde, 1985, p. 37)

E dessa perspectiva relativizado fica tanto o lugar do Direito e da Justiça Penal no controle social formal quanto o lugar deste em relação ao controle social global.

Assim, em vez de indagar como a Criminologia tradicional, "Quem é criminoso?", "Por que é que o criminoso comete crime?" o *labelling* passa a indagar "Quem é definido como desviante?" "Por que determinados indivíduos são definidos como tais?", "Em que condições um indivíduo pode se tornar objeto de uma definição?", "Que efeito decorre desta definição sobre o indivíduo?", "Quem define quem?" e, enfim, com base em que leis sociais se distribui e concentra o poder de definição? (Baratta, 1991, p. 87; Dias e Andrade, 1984, p. 43)

Daí o desenvolvimento de três níveis explicativos do *labelling approach*, cuja ordem lógica procede aqui inverter:

a) um nível orientado para a investigação do impacto da atribuição do *status* de criminoso na identidade do desviante (é o que se define como "desvio secundário");[30] b) um nível orientado para a investigação do processo de atribuição do *status* de criminoso ("criminalização secundária" ou processo de seleção);[31] c) um nível orientado para a investigação do processo de definição da conduta desviada (criminalização primária)[32] que conduz, por sua vez, ao problema da distribuição do poder social desta definição, isto é, para o estudo de quem detém, em maior ou menor medida, esse poder na sociedade.

---

[30] Este nível prevalece entre os autores que se ocuparam particularmente da identidade e das carreiras desviadas, como Howard Becker, Edwin M. Schur e Edwin M. Lemert a quem se deve o conceito de "desvio secundário" que teorizado pela primeira vez em seu "Social Pathology" em 1951, foi por ele retomado e aprofundado em "Human Deviance. Social problems and social control" (1972), tendo se convertido num dos tópicos centrais do *labelling*. Relacionando-se com um mais vasto pensamento penalógico e criminológico crítico sobre os fins da pena, este nível de investigação põe em evidência que a intervenção do sistema penal, em especial as penas privativas de liberdade, em vez de exercer um efeito reeducativo sobre o delinquente, determina, na maior parte dos casos, a consolidação de uma verdadeira e própria carreira criminal, lançando luz sobre os efeitos criminógenos do tratamento penal e sobre o problema não resolvido da reincidência. De modo que seus resultados sobre o "desvio secundário" e sobre as carreiras criminosas representam a negação da concepção reeducativa da pena e da ideologia do tratamento. BARATTA (1991, p. 89 e 116).

[31] Tal é o processo de aplicação das normas penais pela Polícia e pela Justiça, que corresponde ao importante momento da atribuição da etiqueta de desviante (etiquetamento ou rotulação).

[32] Correspondente ao processo de criação das normas penais, em que se definem os bens jurídicos a serem protegidos, as condutas que serão criminalizadas e as respectivas penas numa determinada sociedade. Não obstante, não se limitam à análise das definições legais, levando também em consideração (com maior ou menor ênfase) as definições informais dadas pelo público em geral (definições do "senso comum").

E tal é o nível que conecta o *labelling* com as teorias do conflito. (Baratta, 1991, p. 87; Pablos de Molina, 1988, p. 588, 592-3)

A investigação se desloca, em suma, dos controlados para os controladores e, remetendo a uma dimensão política, para o poder de controlar, pois, ao chamar a atenção para a importância do processo interativo (de definição e seleção) para a construção e a compreensão da realidade social da criminalidade, o *labelling* demonstrou também como as diferenças nas relações de poder influenciam esta construção (Hulsman, 1986, p. 127). Assenta, pois, na recusa do monismo cultural e do modelo do consenso como teoria explicativa da gênese das normas penais e da sociedade, que constituía um pressuposto fundamental da Criminologia positivista.[33]

Manifesta é, pois, a ruptura epistemológica e metodológica operada com a Criminologia tradicional, traduzida no abandono do paradigma etiológico-determinista (sobretudo na perspectiva biopsicológica individual) e na substituição de um modelo estático e descontínuo de abordagem por um modelo dinâmico e contínuo que o conduz a reclamar a redefinição do próprio objeto criminológico.[34]

1.4. Do *labelling approach* à Criminologia crítica: a maturação do paradigma

Opera por esse caminho como se autoatribuem seus representantes e a literatura em geral subscreve, um verdadeiro salto qualitativo – uma "revolução" de paradigma no sentido kuhneano – consubstanciado na passagem de um paradigma baseado na investigação das causas da criminalidade a um paradigma baseado na investigação das condições da criminalização o qual, tendo posteriores desenvolvimentos pelas teorias do conflito e dando origem à Criminologia Radical norte-americana e à Nova Criminologia inglesa e europeia seu ponto culminante de maturação na Criminologia Crítica. (Kuhn, 1975; Baratta, 1991, p. 167 e 1982a, p. 40-41; Bergalli, in Bergalli; Bustos Ramírez, 1983, p. 146-7; Alvarez, 1990, p. 15-6 e 31; Muñoz Gonzalez, 1989; Hassemer, 1984, p. 84; Larrauri, 1991, p. 1; Pavarini, 1988, p. 127)

Sob a denominação de Criminologia crítica[35] designa-se, assim, em sentido lato, um estágio avançado de evolução da Criminologia

---

[33] A respeito, ver BECKER (1971, p. 26).

[34] A respeito, ver BARATTA (1991) e ANDRADE (1997, p. 198 *et seq.*).

[35] No âmbito da Criminologia crítica podem assim ser situados, entre outros: a) na Alemanha, especialmente vinculados à recepção do *labelling approach*, trabalho que está na base de fundação da Criminologia Crítica: Alessandro BARATTA, Fritz SACK, Linda SMAUS, Karl SCHUMANN,

radical norte-americana e da nova Criminologia europeia, englobando um conjunto de obras que, desenvolvendo um pouco depois as indicações metodológicas dos teóricos do paradigma da reação social e do conflito e os resultados a que haviam chegado os criminólogos radicais e novos, chegam, por dentro desta trajetória, à superação deles. E nesta revisão crítica aderem a uma interpretação materialista – e alguns marxista, certamente não ortodoxa – dos processos de criminalização nos países do capitalismo avançado. (Pavarini, 1988, p. 155-156 e 163-164)

Bem vistas as coisas, pondera Pavarini (1988, p. 163-164)

> também esta última perspectiva orientada para uma interpretação marxista da criminalidade e do controle social era, ainda que implicitamente, uma saída obrigatória e necessária para quem havia passado através da teorização do *labelling* e da reação social. Uma vez que o interesse do criminólogo se desloca desde a fenomenologia criminal para os processos de criminalização, uma das saídas teóricas mais previsíveis é precisamente o estudo das razões estruturais que sustentam, numa sociedade de classes, o processo de definição e de etiquetamento.

Para melhor situar o alcance explicativo da Criminologia crítica é necessário referir que parte, pois, tanto do reconhecimento da irreversibilidade dos resultados do paradigma da reação social e das teorias do conflito nele baseadas sobre a operacionalidade do sistema penal,

---

Stefan QUENSEL, Sebastian SCHERER, F. WERKENTIN, J. FEEST e, em geral, todos os criminólogos agrupados em torno à organização *Arbeitskreiss Junger Kriminologen* (A. J. K) e o respectivo órgão, a revista *Kriminologishes Journal*, ambas fundadas em 1969; b) no chamado "Grupo europeu" (Escandinávia, Itália): Massimo PAVARINI, Dario MELOSSI, Mario SIMONDI, Tamar PITCH, Tullio SPPILLI, Thomas MATHIESEN, Stanley COHEN; c) no Grupo austríaco: H. Steiner e Pilgram (*Kriminalsoziologische Bibliographie*); d) a Escola de Bolonha de Direito Penal e Criminologia, que originariamente destinada à investigação de um modelo integrado sobre a questão criminal entre Direito Penal e Criminologia, prossegue numa direção mais criminológica. Nela avultam os nomes de F. BRICOLA A. BARATTA, D. MELOSSI, M. PAVARINI, M. SIMONDI e a publicação (desde 1975) da revista *La questione criminale:Rivista di ricerca e dibatito su devianza e controle sociale*, posteriormente renomeada para *Rivista Dei Dellitti e delle pene*. Na América Latina surge, em 1974, em Maracaibo, o *Grupo latino-americano de Criminologia Comparada*, coordenado pelo Instituto de Criminologia da Universidade de Zulia e pelo Centro de Criminologia da Universidade de Montreal (Canadá) então dirigidos, respectivamente, por Denis SZABO e Lola ANYAR DE CASTRO – cujo órgão de divulgação científica foi a revista *Capítulo criminológico* – e com o qual originariamente interagiram diversos criminólogos da região e do exterior, como Alessandro BARATTA – que participou da própria fundação do grupo – Roberto BERGALLI, Raúl ZAFFARONI, Wanda CAPELLER, Rosa DEL OLMO, entre outros, os quais têm um peso decisivo tanto para o desenvolvimento da Criminologia crítica em América-Latina quanto para o desenvolvimento de uma Criminologia crítica latino-americana, que segue seu desenvolvimento, também no Brasil, com expressiva representação acadêmica e institucional. A respeito, ver BATISTA (1998). Alessandro BARATTA – falecido em maio de 2002 – foi o maior protagonista da Criminologia crítica no eixo Europa-América Latina e sua obra de mesmo nome (1991 e 1997), publicada em vários idiomas,constitui uma referência fundamental de sua fundação e desenvolvimento até o início da década de 90. A respeito ver a obra que organizei em sua homenagem. ANDRADE (2002).

quanto de suas limitações analíticas[36] macrossociológicas e mesmo causais. (Baratta, 1991, p. 114; Pavarini, 1988, p. 187)

Numerosos são assim os aportes teóricos recebidos pela Criminologia crítica que, indo por dentro do paradigma da reação social e para além dele, desenvolve a dimensão do poder – considerada deficitária no *labelling* – numa perspectiva materialista, cujo nível de abstração macrossociológica alça as relações de poder e propriedade em que se estrutura conflitivamente a sociedade capitalista.

Nesta perspectiva, se a utilização do paradigma da reação social é uma condição necessária, não é condição suficiente para qualificar como crítica uma Criminologia (Baratta, 1991, p. 225), pois:

> Mesmo na sua estrutura mais elementar, o novo paradigma implica uma análise dos processos de definição e de reação social, que se estende à distribuição do poder de definição e da reação numa sociedade, à desigual distribuição desse poder e aos conflitos de interesses que estão na origem desses processos. (Baratta, 1983, p. 147)

Assim,

> Quando, ao lado da "dimensão da definição" esta "dimensão do poder" é suficientemente realizada na construção de uma teoria, estamos em presença do mais pequeno denominador comum de todo esse pensamento que podemos alinhar sob a denominação de *Criminologia crítica*. (Baratta, 1983, p. 147)

A Criminologia crítica recupera, portanto, a análise das condições objetivas, estruturais e funcionais que originam, na sociedade capitalista, os fenômenos de desvio, interpretando-os separadamente, conforme se tratem de condutas das classes subalternas ou condutas das classes dominantes (a chamada criminalidade de colarinho branco, dos detentores do poder econômico e político, a criminalidade organizada, etc.).

Nesta perspectiva,

> o progresso na análise do sistema penal como sistema de direito desigual está constituído pelo trânsito da descrição da fenomenologia da desigualdade à interpretação dela, isto é, ao aprofundamento da lógica desta desigualdade. Este aprofundamento evidencia o nexo funcional que existe entre os mecanismos seletivos do processo de criminalização e a lei de desenvolvimento da formação econômica em que vivemos (e também as condições estruturais próprias da fase atual deste desenvolvimento em determinadas áreas ou sociedades nacionais). (Baratta, 1991, p. 171)

E isto significa que a realidade social "está constituída pelas relações de produção, de propriedade e poder e pela moral dominante". E legitimá-la significa reproduzir ideologicamente estas relações e a moral dominante. (Baratta, 1986, p. 90)

---

[36] Desenvolvidamente, ver BARATTA (1991, p. 119-121), PAVARINI (1988, p. 130-137), ANDRADE (1997, p. 215-217).

De modo que em um nível mais alto de abstração o sistema penal se apresenta

(...) como um subsistema funcional da produção material e ideológica (legitimação) do sistema social global, isto é, das relações de poder e de propriedade existentes, mais que como instrumento de tutela de interesses e direitos particulares dos indivíduos. (Baratta, 1987, p. 625)

Em definitivo, pois, é quando o enfoque macrossociológico se desloca do comportamento desviante para os mecanismos de controle social dele, em especial para o processo de criminalização, que o momento crítico atinge sua maturação na Criminologia e ela tende a transformar-se de uma teoria da criminalidade em uma teoria crítica e sociológica do sistema penal. De modo que, deixando de lado possíveis diferenciações no seu interior, ela se ocupa hoje em dia, fundamentalmente, da análise dos sistemas penais vigentes. (Baratta, 1991, p. 167)

1.5. Contribuição fundamental da Criminologia da reação social e crítica: a lógica da seletividade como lógica estrutural de operacionalização do sistema penal e sua relação funcional com dominação classista

Detemo-nos, pois, porque fundamental, numa das maiores contribuições da Criminologia da reação social e crítica: a revelação da lógica da seletividade como lógica estrutural de operacionalização do sistema penal, a qual representa a fundamentação científica de uma evidência empírica visibilizada pela clientela da prisão: a da "regularidade" a que obedecem a criminalização e o etiquetamento dos estratos sociais mais pobres da sociedade. Evidência, por sua vez, há muito vocalizada pelo senso comum no popular adágio de que "a prisão é para os três pês: o preto, o pobre e a prostituta".

A Criminologia positivista tradicional ofereceu uma justificação etiológica para esta clientela sustentando que a criminalidade é o atributo de uma minoria de indivíduos socialmente perigosos (anormais) que, seja devido a anomalias físicas (biopsicológicas) ou a fatores ambientais e sociais, possuem uma maior tendência a delinquir. Sendo um sintoma revelador da personalidade mais ou menos perigosa (antissocial) de seu autor, para a qual se deve dirigir uma adequada "defesa social", a criminalidade constitui uma propriedade da pessoa que a distingue por completo dos indivíduos normais. (Ferri, 1931, p. 44, 45, 49 e 80)

As pesquisas sobre a "criminalidade de colarinho branco", as cifras negras da criminalidade[37] e a crítica das estatísticas criminais, sobre as quais se baseia a Criminologia da reação social, conduziram a uma correção fundamental deste conceito corrente de criminalidade e sua distribuição (estatística) nos vários estratos sociais.

A conclusão de que a cifra negra é considerável e de que a criminalidade real é muito maior que a oficialmente registrada permitiu concluir que, desde o ponto de vista das definições legais, a criminalidade se manifesta como o comportamento da maioria, antes que de uma minoria perigosa da população e em todos os estratos sociais, mas a criminalização é, com regularidade, desigual ou seletivamente distribuída.[38]

Esta seletividade do sistema penal (maioria criminal, especialmente das classes altas, regularmente impune – minoria pobre regularmente criminalizada) se deve, fundamentalmente, a duas variáveis estruturais.

Em primeiro lugar, à incapacidade estrutural de o sistema penal operacionalizar, através das agências policial e judicial, toda a programação da lei penal, dada a magnitude da sua abrangência, pois está integralmente dedicado "a administrar uma reduzidíssima porcentagem das infrações, seguramente inferior a 10%" (Baratta, 1993, p. 49). Por outro lado, se o sistema penal concretizasse o poder criminalizante programado "provocaria uma catástrofe social". Se todos os furtos, todos os adultérios, todos os abortos, todas as defraudações, todas as falsidades, todos os subornos, todas as lesões, todas as ameaças, todas as contravenções penais, etc. fossem concretamente criminalizados, praticamente não haveria habitante que não fosse criminalizado. E diante da absurda suposição – absolutamente indesejável – de criminalizar reiteradamente toda a população, torna-se óbvio que o sistema penal está estruturalmente montado para que a legalidade processual não opere em toda sua extensão (Zaffaroni, 1991, p. 26-7). O que significa que não adianta inflacionar o *input* do sistema através da criação de novas leis porque há um limite estrutural ao nível do *out put*.

---

[37] Por "cifra negra"designa-se, em sentido lato, a criminalidade oculta, não quantificada estatisticamente, que inclui a "criminalidade de colarinho branco" mas a transcende.

[38] Logo, as estatísticas criminais oficiais não fornecem dados reais sobre o total da criminalidade, mas tão somente sobre o total da criminalização. Por isto fala-se em representação da criminalidade nos vários estratos e as teorias criminológicas nelas baseadas.

Deste ponto de vista, a impunidade, e não a criminalização, é a regra no funcionamento do sistema penal. (Hulsman, 1986, p. 127, e 1993, p. 65; Baratta, 1991, p. 103, e 1993, p. 49; Hassemer e Conde, 1989, p. 47)

Em segundo lugar, a seletividade do sistema penal se deve à especificidade da infração e das conotações sociais dos autores, pois impunidade e criminalização são orientados pela seleção desigual de pessoas de acordo com seu *status* social, e não pela incriminação igualitária de condutas objetiva e subjetivamente consideradas em relação ao fato-crime, conforme preconiza a dogmática penal.

Se a conduta criminal é majoritária e ubíqua, e a clientela do sistema penal é composta, "regularmente", em todos os lugares do mundo, por pessoas pertencentes aos mais baixos estratos sociais, a "minoria criminal" a que se refere a explicação etiológica da Criminologia tradicional (e a ideologia da defesa social conecta a ela) é o resultado de um processo de criminalização altamente seletivo e desigual de "pessoas" dentro da população total, as quais se qualifica como criminosos, e não como pretende o discurso dogmático oficial de uma incriminação igualitária de condutas qualificadas como tais. O sistema penal se dirige quase sempre contra certas pessoas, mais que contra certas condutas legalmente definidas como crime e acende suas luzes sobre o seu passado para julgar no futuro o fato-crime presente, priorizando a especulação de "quem" em detrimento do "que". De modo que a gravidade da conduta criminal não é, por si só, condição suficiente deste processo, pois os grupos poderosos na sociedade possuem a capacidade de impor ao sistema uma quase que total impunidade das próprias condutas criminosas (Zaffaroni, 1987, p. 22 e 32; Baratta, 1982, p. 35; 1991, p. 172 e 1993, p. 49). Enquanto a intervenção do sistema geralmente subestima e imuniza as condutas as quais se relacionam com a produção dos mais altos, embora mais difusos danos sociais (delitos econômicos, ecológicos, ações da criminalidade organizada, graves desvios dos órgãos estatais) superestima infrações de relativamente menor danosidade social, embora de maior visibilidade, como delitos contra o patrimônio, especialmente os que têm como autor indivíduos pertencentes aos estratos sociais mais débeis e marginalizados. (Baratta, 1991, p. 61)

Isto significa, enfim, que impunidade e criminalização, em vez de serem condicionadas pelas variáveis que formalmente vinculam a tomada de decisões (os códigos legais e o instrumental dogmático) dos agentes do controle social formal (Polícia, Ministério Público, juízes) e que deveriam reenviar à conduta praticada, são condicionadas por variáveis latentes e não legalmente reconhecidas que reenviam à "pessoa" do autor (e da vítima).

Assim, a regularidade a que obedece a distribuição seletiva da criminalidade tem sido atribuída às leis de um código social (*second code, basic rule*s)[39] latente integrado por mecanismos de seleção dentre os quais tem se destacado a importância central dos "esteriótipos"[40] de autores e vítimas além de "teorias de todos os dias" (teorias do senso comum) dos quais são portadores os agentes do controle social formal e informal (a opinião pública) além de processos derivados da estrutura organizacional e comunicativa do sistema penal. E sem dúvida um mecanismo fundamental dessa distribuição desigual da criminalidade são os estereótipos de autores e vítimas que, tecidos por variáveis geralmente associadas aos pobres (baixo *status* social, cor, etc.), torna-os mais vulneráveis à criminalização: é "o mesmo estereótipo epidemiológico do crime que aponta a um delinquente a celas da prisão e poupa a outro os seus custos". (Dias e Andrade, 1984, p. 552)

Os conceitos de *second code* e *basic rules* conectam precisamente a seleção operada pelo controle penal formal com o controle social informal, mostrando como os mecanismos seletivos presentes na sociedade colonizam e condicionam a seletividade decisória dos agentes do sistema penal num processo interativo de poder entre controladores e controlados (público), perante o qual a assepsia da dogmática penal para exorcizá-los assumem toda extensão do seu artificialismo,[41] pois, reconduzido ao controle social global, o sistema penal aparece como filtro último e uma fase avançada de um processo de seleção que tem lugar no controle informal (família, escola, mercado de trabalho), mas os mecanismos deste atuam também paralelamente e por dentro do controle penal.

Foi assim que a descoberta deste código social extralegal conduziu a uma explicação da regularidade da seleção superadora daquela explicação etiológica. A clientela do sistema penal é constituída de pobres (minoria criminal) não porque tenha uma maior tendência a delinquir mas precisamente porque tem maiores chances de ser criminalizada e etiquetada como delinquente. As possibilidades (chances) de resultar etiquetada, com as graves consequências que isto implica

---

[39] Conceitos que na sequência, respectivamente, de McNaughton-Smith e Cicourel designam a totalidade do complexo de regras e mecanismos reguladores latentes e não oficiais que determinam efetivamente e aplicação da lei penal pelos agentes do controle penal. TURK (1969, p. 39 *et. seq.*); BARATTA (1982, p. 52).

[40] Sobre o conceito de estereótipos, ver SCHUR (1971, p. 40 *et seq.*). DIAS e ANDRADE (1984, p. 347-8 [e nota 181], p. 388-9 e 553).

[41] Desenvolvidamente, ver ANDRADE (1994).

se encontram desigualmente distribuídas de acordo com as leis de um *second code* constituído especialmente por uma imagem estereotipada e preconceituosa da criminalidade.

Em suma, como conclui Sack, a criminalidade (a etiqueta de criminoso) é um "bem negativo" que a sociedade (controle social) reparte com o mesmo critério de distribuição de outros bens positivos (o *status* social e o papel das pessoas: fama, patrimônio, privilégios, etc.), mas em relação inversa e em prejuízo das classes sociais menos favorecidas. Criminalidade é o exato oposto dos bens positivos (do privilégio). E, como tal, é submetida a mecanismos de distribuição análogos, porém, em sentido inverso à distribuição destes.

No marco da Criminologia crítica, a descrição da fenomenologia da seletividade pela Criminologia da reação social[42] receberá uma interpretação macrossociológica que, aprofundando a sua lógica, evidencia o seu nexo funcional com a desigualdade social estrutural das sociedades capitalistas e a dominação classista.

Conclui então Baratta (1978, p. 10; 1982, p. 42-3 e 1991, p. 168) que os resultados da análise teórica e de uma série inumerável de pesquisas empíricas sobre os mecanismos de criminalização tomados em particular e em seu conjunto podem ser condensados em três proposições que constituem a negação radical do "mito do Direito Penal como direito igualitário" que está na base da ideologia da defesa social.

Tais são: a) O Direito Penal não defende todos e somente os bens essenciais nos quais todos os cidadãos estão igualmente interessados e quanto castiga as ofensas aos bens essenciais, o faz com intensidade desigual e de modo parcial ("fragmentário"); b) a Lei Penal não é igual para todos. O *status* de criminal é desigualmente distribuído entre os indivíduos; c) O grau efetivo de tutela e de distribuição do *status* de criminoso é independente da danosidade social das ações e da gravidade das infrações à lei, pois estas não constituem as principais variáveis da reação criminalizadora e de sua intensidade.

Considera assim que "a variável principal da distribuição desigual do *status* de delinquente parece indubitavelmente ser, à luz das investigações recentes, a posição ocupada pelo autor potencial na escala social". (Baratta, 1982, p. 43, nota 30)

Enfim, o aprofundamento da relação entre Direito/sistema penal e desigualdade conduz, em certo sentido, a inverter os termos em que esta relação aparece na superfície do fenômeno descrito. Não apenas

---

[42] Sobre a comprovação empírica da tese seletividade no sistema penal brasileiro, ver os censos penitenciários brasileiros realizados pelo Conselho Nacional de Política Criminal e Penitenciária (Ministério da Justiça) desde 1994.

as normas penais se criam e se aplicam seletivamente, e o desigual tratamento de situações e de sujeitos iguais, no processo social de definição da "criminalidade", responde a uma lógica de relações assimétricas de distribuição do poder e dos recursos na sociedade (estrutura vertical), mas o Direito e o sistema penal exercem, também, uma função ativa de conservação e reprodução das relações sociais de desigualdade. São, também, uma parte integrante do mecanismo através do qual se opera a legitimação dessas relações, isto é, a produção do consenso real ou artificial. (Baratta, 1983, p. 146, 151, 157 e 160; 1991, p. 173; 1993, p. 49-50)

Em definitivo,

> em um nível mais alto de abstração o sistema punitivo se apresenta como um subsistema funcional da produção material e ideológica (legitimação) do sistema social global; ou seja, das relações de poder e propriedade existentes, mais do que como instrumento de tutela de interesses e direitos particulares dos indivíduos. (Baratta, 1987, p. 625)

Trata-se, em última instância, da recondução do sistema penal a um sistema seletivo classista e de violência institucional como expressão e reprodução da violência estrutural, isto é, da injustiça social.

1.6. A desconstrução epistemológica do paradigma etiológico: a traição da Criminologia à matriz positivista de ciência

É importante então pontualizar como essa mudança de paradigma permitiu evidenciar o déficit causal do paradigma etiológico e desconstruir seus fundamentos epistemológicos a partir da constatação de que o substrato ontológico que confere à criminalidade não se apoia, em absoluto, sobre a criminalidade como fenômeno ou fato social, mas sobre o Direito e o sistema penal.

É que a Criminologia positivista tem como referente para a individualização do seu objeto a própria lei penal e os resultados finais e contingentes do processo de criminalização acionado pelo sistema penal, investigando assim a criminalidade tal como resultante de uma dupla seleção.

Em primeiro lugar, das definições legais de crime e das estatísticas oficiais e, em segundo lugar, da seleção dos criminosos deste modo tornados disponíveis para a observação e experimentação clínica através da prisão e dos manicômios.

Ao aceitar que crime é a concreção de uma conduta legalmente definida como tal já não pode investigar a criminalidade como fenômeno social, mas apenas enquanto definida normativamente. Na própria delimitação de seu objeto já se realiza, pois, uma subordinação da Criminologia ao Direito Penal. E, ao identificar os criminosos com os autores das condutas legalmente definidas como tais e, mais do que isso, com os sujeitos etiquetados pelo sistema como criminosos, identifica população criminal com a clientela do sistema penal. Neste nível, sua dependência metodológica estende-se da normatividade ao resultado da própria operacionalidade, altamente seletiva, do sistema penal. Seu laboratório de experimentação que, coerentemente com o interesse originário na investigação da criminalidade como fenômeno, deveria ser a sociedade, converte-se, na prática, nas prisões e manicômios. (Platt, 1980; Zaffaroni, 1991, p. 44; Dias e Andrade, 1984, p. 66; Pavarini, 1988, p. 53-4; Pablos de Molina, 1988, p. 583).

Assim, o criminólogo positivista não conhecerá nunca o "fenômeno" da prostituição, do tráfico de drogas, do crime organizado, etc., podendo conhecer algumas mulheres, traficantes e mafiosos, por exemplo, que foram selecionados pelo sistema. E isto vale independentemente para todas as formas de criminalidade.

Pelo que se chega

a uma conclusão verdadeiramente paradoxal: o positivismo criminológico que havia se dirigido para a busca de um fundamento natural, ontológico, da criminalidade, contra toda sua boa intenção é a demonstração inequívoca do contrário; ou seja, de que a criminalidade é um fenômeno normativo. Certamente impossível de ser conhecido desde um ponto de vista fenomenológico. (Pavarini, 1988, p. 54)

Suas teorias etiológicas somente podem concluir, pois, por causas indissociável e exclusivamente ligadas ao tipo de pessoas que integram a clientela do sistema, buscando nelas todas as variáveis que expliquem sua diversidade com respeito aos sujeitos normais, com exclusão, todavia, do próprio processo de criminalização, que aparece como o fundamento da diversidade. É sobre os baixos estratos sociais, portanto, que recai o estigma da periculosidade e da maior tendência para delinquir.

É precisamente essa situação de dependência na qual a Criminologia positivista se encontra na própria definição de seu objeto de investigação e as aporias daí resultantes, que dão lugar ao profundo questionamento de seu *status* científico levando a concluir que "a sua pretensão de proporcionar uma teoria das causas da criminalidade não tem justificação do ponto de vista epistemológico". (Baratta, 1982a, p. 29, e 1983, p. 146)

E isto porque uma investigação causal-naturalista não é aplicável a objetos definidos por normas, convenções ou avaliações sociais ou institucionais, já que fazê-lo acarreta uma "coisificação" dos resultados destas definições normativas que aparecem como "coisas" que existem independentemente delas. A "criminalidade", os "criminosos" são, sem dúvida, objetos deste tipo. E são impensáveis sem a intervenção da reação social e penal. (Baratta, 1983, p. 146)

Em síntese, pois, a aporia desta Criminologia consiste em que ela se declara como uma ciência causal-explicativa da criminalidade, exclui a reação social de seu objeto (centrando-se na ação criminal) quando é dela inteiramente dependente; ao mesmo tempo em que se apoia, aprioristicamente, em uma noção ontológica da criminalidade. Assim, em vez de investigar, fenomenicamente, o objeto criminalidade, este aparece já *dado* pela clientela das prisões e dos manicômios que constitui então a matéria-prima para a elaboração de suas teorias criminológicas, com base nas estatísticas oficiais.

A coisificação da criminalidade produzida pelo paradigma etiológico comporta então, como reverso da medalha, uma grave consequência. Esta matéria-prima é obtida e coincide, não se sabe em virtude de que harmonia preestabelecida, com o produto da reação social e penal a qual, segundo a hipótese de que parte esse paradigma deveria ser indiferente para a existência do seu objeto de investigação, porque de existência ontológica.

Chego, assim, a um ponto fundamental. A partir dessa desconstrução epistemológica, fica claro como a Criminologia positivista, mesmo nas suas versões mais atualizadas (através da aproximação "multifatorial"), não opera como uma instância científica "sobre" a criminalidade, mas como uma instância interna e funcional ao sistema penal, desempenhando uma função imediata e diretamente auxiliar, relativamente a ele e à política criminal oficial.[43]

Nesse sentido, não apenas coloca seu próprio saber (causal e tecnológico) a serviço dos objetivos declarados do sistema, mas produz (e reproduz) o próprio discurso interno que os declara, avalizando, do ponto de vista da ciência, uma imagem do sistema que é dominada por esses objetivos. A sua contribuição para a racionalização do sistema é, sobretudo, uma contribuição legitimadora (autolegitimação oficial). (Baratta, 1983, p. 152)

Verifica-se, dessa forma, uma autêntica traição criminológica aos pressupostos epistemológicos do positivismo científico.

---

[43] Basta lembrar a engenharia lombrosiana de medição e quantificação de crânios dos presos italianos, imortalizada no Museu de Turim.

1.7. Das promessas às funções latentes e reais da Criminologia positivista como ciência do controle sociopenal: pela mudança do senso comum sobre a criminalidade e o sistema penal

Não se trata, pois, de "explicar" causalmente a criminalidade, mas de instrumentalizar e justificar, legitimando-a, a seleção da criminalidade e a estigmatização dos criminosos operada pelo sistema penal. E não se trata, igualmente, de "combatê-la", porque a função do sistema é, precisamente, a de construí-la ou geri-la seletivamente.

Com seu proceder, a Criminologia positivista contribui para mistificar os mecanismos de seleção e estigmatização ao mesmo tempo em que lhes confere uma justificação ontológica de base científica (uma base de marginalização científica aos estratos inferiores). Contribui, igualmente, para a produção e reprodução de uma imagem estereotipada e preconceituosa da criminalidade e do criminoso vinculada aos baixos estratos sociais – que condiciona, por sua vez, a seletividade do sistema penal – num círculo de representações extraordinariamente fechado que goza – repita-se – de uma secular vigência no senso comum em geral e nos operadores do sistema penal em particular.

Ao definir-se, pois, como ciência causal-explicativa a Criminologia positivista oculta o que na verdade sempre foi: uma "ciência do controle social" (Anyar de Castro, 1987, p. 22-32) que nasce como um ramo específico da ciência positivista para instrumentalizá-lo e legitimá-lo.[44]

Tal contributo legitimador é destacado por Pavarini (1988, p. 49-54) ao assinalar que

> foi precisamente pela aportação determinante do positivismo criminológico que o sistema repressivo se legitimou como defesa social. O conceito de defesa social tem subjacente uma ideologia cuja função é justificar e racionalizar o sistema de controle social em geral e o repressivo em particular. (...) A defesa social é portanto uma ideologia extremamente sedutora, enquanto é capaz de enriquecer o sistema repressivo (vigente) com os atributos da necessidade, da legitimidade e da cientificidade.

Consequentemente, a sobrevivência secular dessa Criminologia e suas representações da criminalidade, na ciência e no senso comum, para além de sua desconstrução epistemológica, se explica pelo cumprimento de outras funções, latentes e reais, distintas das prometidas. Eis aí o fascínio pelo qual saiu da academia para ganhar as ruas e

---

[44] É por isso que o seu universo de referências é praticamente imposto pelo mesmo sistema, e ela é obrigada a pedir-lhe a definição do seu próprio objeto de investigação.

legitimar o sistema penal, em uma palavra, como ciência do controle social e, nesse sentido, mantenedora do *status quo*. Imperioso, pois, desde uma perspectiva transformadora do atual modelo de controle penal, que a mudança do paradigma criminológico igualmente ultrapasse o plano da ciência e da academia para alçar o plano da rua e da transformação cultural do senso comum que, apoiado na Criminologia tradicional e outros saberes (hoje vulgarizados no plano da formação massiva de opinião pública pela mídia)[45] sustenta ideologicamente o modelo.[46]

---

[45] O poder da mídia na legitimação do sistema penal alcança, sob a globalização neoliberal, contornos tão específicos e importância tão decisiva, que o tema requer análise em separado. Seja como for, registre-se aqui que a mídia passa a colonizar, com imensas vantagens, a função legitimadora historicamente desempenhada pela Criminologia positivista – e o conjunto das Ciências Criminais – operando com o mesmo senso comum, criminologicamente modelado, na dimensão do "espetáculo" de amplíssimo alcance. Sobretudo a mídia televisiva, barbarizando a sua programação com a criminalidade convertida em *show* – do qual o Programa Linha Direta é um dos referentes mais repugnantes – prodigaliza, a um só tempo, a cultura do "medo" do crime e do sentimento de insegurança e a indignação contra os criminosos, contribuindo para fortalecer a ideologia penal e radicalizar a separação entre o bem e o mal, "nós" e os outros – *outsiders* – contra os quais, "naturalmente" toda reação social, do aplauso ao extermínio, passa a ser válida. A respeito ver BATISTA (2002) e MENDONÇA (2002).

[46] A respeito ver também BUSTOS RAMIREZ in BERGALLI e BUSTOS RAMIREZ (1983, p. 17); OLMO (1984); PAVARINI (1988); TAYLOR, WALTON e YOUNG (1990).

2. Do (pre)conceito liberal a um novo conceito de cidadania: pela mudança do senso comum sobre a cidadania[47]

2.1. Introdução

Há uma década e meia realizei uma pesquisa sobre cidadania, situando-a como uma dimensão e um interrogante de importância decisiva para a reconstrução democrática da sociedade e do Estado brasileiro.[48]

O tempo que então transcorreu se encarregou de fortalecer os resultados desta pesquisa, pois talvez nenhum outro tema como *cidadania* tenha se consolidado, na teoria e na práxis, na academia e na rua, no discurso oficial e nos discursos oficiosos do cotidiano, com tamanha força. Se uma tal permanência parece ser duplamente sintomática

---

[47] Este texto foi publicado, com algumas alterações internas, sob o título Cidadania e democracia: repensando as condições de possibilidade da democracia no Brasil a partir da cidadania. *Revista Jurídica da UNOESC.*,Chapecó, n. 1, 1991-2; sob o título Reconstrução do conceito de cidadania. Cidadania e Municipalismo. Anais da 1ª Conferência Estadual dos Advogados do Pará. Santarém, OAB Seção do Pará, 1997; sob o título A reconstrução do conceito liberal de cidadania: da cidadania moldada pela democracia à cidadania moldando a democracia. In OLIVEIRA JR. José Alcebíades (org.). *O poder das metáforas*. Homenagem aos 35 anos de docência de Luis Alberto Warat. Porto Alegre: Livraria do Advogado, 1998. Foi também publicado sob o título Cidadania, direitos humanos e democracia: reconstruindo o conceito liberal de cidadania. In: PEREIRA E SILVA. Reinaldo. (org.). *Direitos humanos como educação para a justiça*. São Paulo, LTR, 1998.

[48] Tal pesquisa consiste na Dissertação de Mestrado que defendi junto ao curso de pós-graduação em direito da universidade Federal de Santa Catarina, no ano de 1987, sob o título "O discurso da cidadania: das limitações do jurídico às potencialidades do político" e publicada posteriormente sob o título "Cidadania: do direito aos direitos humanos" (São Paulo, Acadêmica, 1993). O artigo que segue, derivação da referida pesquisa, contém uma análise teórica da cidadania moderna e uma análise contextual da cidadania na sociedade brasileira, referenciada a meados dos anos 1980. Indubitavelmente, o avanço da globalização neoliberal imprime novos elementos e sentidos à teorização, conceituação e práxis da cidadania, que aqui foram parcialmente incorporados, eis que mantido o conteúdo original da pesquisa. Seja como for, os elementos conceituais aí sumariados mantêm sua importância e atualidade, deixando antever, por outro lado, o pioneirismo com que foram tratados outrora.

dos déficits reais de cidadania e do potencial emancipatório que a sua dimensão adquiriu, parecem também restar deficitários os esforços relativos à sua conceituação. É que a cidadania parece ter adquirindo a importância discursiva que outrora ocuparam, por exemplo, os direitos humanos e a democracia: todos – de todos os matizes ideológicos e intelectuais – falam a respeito e todos são seus defensores. Mas poucos aprofundam a discussão sobre *o que é* e a própria relação cidadania-direitos humanos-democracia. Sem a pretensão, em absoluto, de superar o déficit enunciado, nos limites estreitos deste texto, penso ser, pelo exposto, oportuno enfrentá-lo. E o faço retomando a pesquisa referida, de forma revisionista.

É que nela trato de demonstrar, precisamente, a existência de um conceito liberal de cidadania, fortemente consolidado na cultura jurídica brasileira, que necessita ser superado em face de suas limitações para dar conta das exigências que a cidadania implica nas sociedades em geral e na brasileira em particular. E apontando os limites analíticos e democráticos deste conceito, bem como suas funções políticas conservadoras, delineio as condições de possibilidade para a formação de um novo conceito na cultura brasileira, a partir de sua materialidade social. E ao fazê-lo enfatizo que a cidadania moderna, sendo uma dimensão política ambígua, apresenta, simultaneamente, potenciais políticos conservadores e transformadores, dependendo do uso (ou desuso) que dela fazem o Estado e os sujeitos sociais em dado momento histórico. No marco de seus potenciais transformadores destaco, particularmente, seus potenciais democráticos, ou seja, a importância da práxis da cidadania para a construção democrática no Brasil para além da democracia representativa, situando as exigências de uma cidadania assim projetada.

Nesta perspectiva reproduzo aqui, em suas linhas essenciais, este movimento desconstrutor do velho conceito, reconstrutor de um novo conceito de modo que minha reflexão – e é isto que me proponho a fazer – seguirá três passos, nos quais estão também inscritos seus objetivos.

Primeiramente, delimitarei o conceito liberal de cidadania reproduzido pela cultura jurídica dominante no Brasil,[49] apontando suas limitações, isto é, desconstruindo-o desde os seus próprios pressupostos. A seguir, delimitarei as bases para a reconstrução do conceito de cidadania para além do liberalismo, ou seja, projetarei um conceito

---

[49] Refiro-me ao saber jurídico dominante no Brasil, ou seja, à Dogmática Jurídica, em especial, no caso, à Dogmática Constitucional e à Teoria Geral do Estado, *locus* dos quais emana o discurso jurídico da cidadania.

ampliado de cidadania, salientando sua relação com os direitos humanos, suas potencialidades políticas democráticas para, enfim, ancorar o tema da cidadania no tema da democracia e da relação entre ambas, especialmente na sociedade brasileira. E neste deslocamento conceitual procurarei demonstrar como há uma inversão de perspectiva na relação cidadania-democracia. É importante ainda referir que embora se trate de uma abordagem teórica e conceitual procurarei, na medida do possível, apontar o fundamento histórico desta conceitualização.

2.2. O (pre)conceito liberal de cidadania reproduzido pela cultura jurídica dominante no Brasil

O conceito liberal de cidadania se institucionaliza no bojo do Estado de Direito capitalista de tal modo que referi-lo é recortar o conceito moderno de cidadania que encontra seu marco mais emblemático ou simbólico – pela repercussão universal que alcançou – na Declaração Francesa dos Direitos do Homem e do Cidadão, de 1791.

A cultura jurídica dominante no Brasil é herdeira de duas grandes matrizes (alienígenas) das quais deriva suas condições de produção e possibilidade: do positivismo normativista, em nível epistemológico, e do liberalismo, em nível político-ideológico, de onde resulta sua caracterização como uma cultura jurídica positivista de inspiração liberal.

Desta forma, o conceito de cidadania, que é um elemento constitutivo de tal cultura, é tributário de suas matrizes e, em especial, do liberalismo, razão pela qual é concebida (tal como nesta matriz) com o direito à representação política e o cidadão definido como indivíduo nacional titular de direitos eleitorais (votar e ser votado) e do direito de exercer cargos públicos.[50] Tal conceito vincula-se, por sua vez, a um modelo específico de democracia, fazendo com que a cidadania seja dela dependente e inexista fora do seu interior. Trata-se da democracia representativa ou indireta, originada da mesma matriz liberal. O conceito moderno de cidadania aparece, assim, umbilicalmente ligado ao conceito de democracia e por ele moldado.

Na realidade, portanto, estamos diante de um conceito dominante não apenas na cultura jurídica, mas no imaginário social e político (que, por sua vez, ela também coconstitui), que pode ser tido como paradigmático na modernidade ocidental exercendo, inclusive, uma função pedagógica à medida que este mesmo conceito é que nos ensinou a nos emocionar diante de símbolos nacionais evocativos de um

---

[50] Desenvolvidamente, Cf. ANDRADE (1993, p. 17-50).

forte patriotismo como o hino, a bandeira ou o escudo nacionais. Estamos, pois, diante do conceito que opera, modernamente, como o senso comum sobre a cidadania operando, neste sentido, como autêntico (pre)conceito. O tempo presente parece ser, contudo, o da ultrapassagem e mudança deste senso comum, não apenas no âmbito da Ciência (particularmente das Ciências sociais e humanas), mas na dimensão capilar da Rua, pois parece cada vez mais socializada a percepção de que cidadania evoca, antes que as noções de nacionalidade/direitos políticos/elegebilidade, a noção (igualitária) de *direitos* ou de direito a ter direitos. Importante ressaltar, contudo, que a cultura jurídica brasileira continua reproduzindo o conceito liberal de cidadania, através de seus Manuais, mesmo após a Constituição Federal de 1988, a qual dedica à cidadania um *topos* diferenciado em relação à tradição das Constituições brasileiras, iniciando por situá-la como um dos fundamentos do "Estado Democrático de Direito" em que se constitui a República Federativa do Brasil (art. 1º, II).[51]

2.3. A desconstrução do conceito liberal de cidadania a partir de seus pressupostos: limites do conceito como limites da matriz liberal

Tendo delimitado o conceito liberal de cidadania, procurarei demonstrar como seus limites derivam de limitações enraizadas nos próprios pressupostos liberais básicos que o condicionam, os quais passo a abordar. E para fazê-lo, tomo por referente a já mencionada Declaração Francesa dos Direitos "do Homem e do Cidadão" que a partir de sua expressiva denominação vai consolidar a dicotomia, que até hoje não parece ter sido superada entre os direitos do homem e os do cidadão.

Marx, a propósito da questão judaica, vai interrogar esta dicotomia indagando quem é o homem distinto do cidadão. Em sentido complementar, indaga-se aqui quem é o cidadão distinto do homem.

Nos limites deste interrogante, é necessário perceber, antes de mais nada, que a separação homem/cidadão tem por pressuposto outra dicotomia estrutural do liberalismo, que é a separação Estado/sociedade civil (arcabouço institucional e discursivo do Estado de Direito capitalista) segundo a qual o Estado é identificado com o espaço público, ou seja, com o lugar do poder e da política, e a sociedade civil

---

[51] Cf. ANDRADE (1990). Cf., entre outros, DALLARI (1989, p. 85); FERREIRA FILHO (1990, p. 99); BASTOS e MARTINS, (1988, p. 369-70. v.2); BASTOS (1989, p. 237); CRETELLA JR. (1988, p. 138, v. 1).

identificada com o espaço privado da vida, a saber, com o lugar da economia ou das relações econômicas (mercado) e domésticas.

Partindo desta dicotomia, o liberalismo sustenta uma postura antiestatal e antipolítica (retomada hoje sob o *neoliberalismo*) que o conduz não apenas a postular a atuação mínima do Estado (o Estado reduzido ao mínimo necessário), mas também a subestimar a existência do poder e da política na sociedade civil. Desta forma produz uma drástica redução do escopo do político, que tem sua contrapartida na defesa da ampliação das fronteiras do mercado, desaconselhando a ação social e política com base na suposição de que apenas a ação econômica privada conduz ao bem-estar social (a *mão invisível* do mercado, de Adam Smith).

Ao mesmo tempo, o liberalismo tem por pressuposto a valorização do indivíduo como categoria abstrata, atomizada, isto é, com autonomia referida a si, e não a classe, grupo ou movimento social a que pertença, sendo concebido à margem das condições de existência e produção em que se insere.

É devido justamente a esses pressupostos que a opção democrática liberal vai ser pela democracia representativa ou indireta (que se reduz à democratização do Estado ou a uma forma de regime político), e não pela democracia participativa, direta ou outra, que abrangeria a democratização da sociedade civil. E é por isto, enfim, que o correlato modelo de cidadania vai ser o direito à representação política.

Chega-se, assim, ao interrogante formulado: quem é o cidadão distinto do homem? No que seus direitos diferem? O homem, no liberalismo, é aquele indivíduo atomizado, que deve exercer seus direitos (direito à vida, à liberdade, à propriedade, a contratar, etc.) individualmente no espaço privado da vida: a sociedade civil. O cidadão, o *status* de cidadania, vincula o homem ao espaço público. O homem, transformado periodicamente em cidadão, transforma-se em fonte e objeto último do Estado de Direito, através de cujo *status* registra sua presença no espaço público – ao mesmo tempo em que o legitima – para, em seguida, despindo-se do *status*, retornar à condição de homem, restrito ao espaço privado e à domesticidade da vida.

Ao reduzir o exercício da cidadania ao fenômeno eleitoral, ou seja, ao instante periódico do voto, reduz o fazer política, na sociedade civil, ao momento eleitoral, designando aos cidadãos onde, como e quando estão autorizadas a fazê-la e a ter acesso ao espaço público.

Explica-se, assim, porque o conceito liberal de cidadania circunscreve-se ao âmbito da representação em detrimento da participação. É que esta implica a necessidade de associação dos cidadãos (o que fere o pressuposto liberal do homem atomizado) e implica, também, a politização da sociedade civil (o que fere o pressuposto liberal da sociedade civil como lugar destinado às relações econômicas privadas), pois significa introduzir a política num lugar onde é indevida nesse modelo, minando por sua vez a pureza da separação Estado/Sociedade civil. Socializar ou politizar o espaço privado implica, enfim, diluir os limites que o separam do espaço público.

Em síntese, pois, o que estou a sustentar é que o Estado de direito sedimentou um conceito restrito de cidadania porque traz em seu bojo um conceito também restrito do poder, da política e da democracia. Identificado o poder com o poder político estatal, a política é vista como uma prática específica, cujo lugar de manifestação só pode ser o Estado e as instituições estatais e cujo objetivo só pode ser a ocupação do poder estatal (Governo/Parlamento). Identificada a democracia com uma forma de regime político, a democracia é reduzida à democracia político-estatal ou à democratização do Estado. E identificada a cidadania com a representação política, é ela reduzida a um epifenômeno da democracia representativa.

O Estado detém, desta forma, o monopólio do poder, da política e da democracia e a cidadania aparece como instrumento para a materialização deste tripé. Por aí se percebe que a cidadania, liberal não é uma dimensão que possua um fim em si mesma – como a emancipação humana –, mas que ela foi moldada a partir das exigências institucionais do modelo liberal de sociedade e de Estado possuindo, em primeira instância, um valor instrumental. Mais especificamente, foi moldada de acordo com as exigências do modelo de democracia representativa, sendo, por um lado, dele dependente, e, por outro lado, elemento indispensável ao seu regular funcionamento.

A cultura jurídica dominante no Brasil, ao reproduzir tal concepção, e a ela permanecer aprisionada, produz consequências práticas tangíveis, funcionando como um obstáculo à percepção e tematização ampliadas do fenômeno da cidadania no âmbito do Direito – e das Escolas de Direito – o que só se explica por uma postura política conservadora.

2.4. A reconstrução do conceito de cidadania para além do liberalismo: quatro deslocamentos fundamentais

O que parece fundamental, então, sem subestimar a validade e a importância dos "direitos políticos", é pluralizar a univocidade de sentido em que o liberalismo jurídico aprisionou a dimensão da cidadania, dinamizá-la e resgatar sua historicidade e dimensão política em sentido amplo, pois são evidentes seus limites, se olhada a democracia da perspectiva participativa, substantiva e pluralista.

Com efeito, assim como a democracia é modernamente identificada com a democracia representativa, a cidadania igualmente o é com as noções de nacionalidade e elegibilidade e com o gesto mítico e simbólico da prática eleitoral. O cidadão é o protótipo do eleitor. E assim como a construção democrática requer a ultrapassagem da democracia representativa, a construção da cidadania requer a ultrapassagem do cidadão-eleitor e, mais do que isto, a própria construção democrática para além da democracia liberal requer a construção da cidadania para além do liberalismo.

Penso, nesse sentido, que os pressupostos liberais apontados (visão limitada do poder, do político e da democracia e visão individualista do homem e da sociedade) constituem o obstáculo liberal com o qual se deve romper de modo a produzir uma ruptura epistemológica com a forma tradicional de conceber a cidadania, para apreendê-la como o fenômeno muito mais amplo e complexo que é, a partir de sua materialidade social.

Por sua vez, a apreensão deste dado fenomênico também é complexa porque depende de um esforço transdisciplinar que, obviamente, não pretendo esgotar. O que segue é, pois, um exercício exploratório que, reindagando pelo significado do moderno conceito de cidadania, busca, na esteira deixada pelo conceito liberal, rediscutir suas condições de produção e possibilidade.

Pois bem, qual momento podemos ter por referente ao reconstruir o moderno conceito de cidadania? Qual seu momento fundacional?

A meu ver, este referencial é, igualmente, simbolizado na Declaração francesa: o reconhecimento jurídico-formal (legal) da liberdade e igualdade de todos perante a lei; a conversão do homem em sujeito de direitos e obrigações formalmente iguais.

Assim, sendo definida inicialmente na modernidade pela igualdade perante a lei – o que a constitui em tensão permanente com a desigualdade inerente à sociedade de classes – e pela titularidade de direitos civis, a dimensão da cidadania vai tendo seu conteúdo paulatina e conflitivamente ampliado para incorporar direitos políticos, sociais, culturais, difusos e coletivos; e o conjunto, enfim, dos chamados *novos direitos*, à medida que o fenômeno do crescimento industrial vai tornando a sociedade cada vez mais complexa, especialmente a partir do século XIX. Nascendo, pois, do reconhecimento jurídico-formal de que todos os homens são livres e capazes de gozar igualmente de direitos e deveres, desenvolveu-se toda uma história de ampliação da cidadania transgredindo as fronteiras dentro das quais o Estado de Direito capitalista pretendia defini-la e definir-se.

E o que importa ainda salientar é que o processo histórico constitutivo da institucionalização desses direitos (o seu reconhecimento pelo Direito estatal e suas instituições) tem sido marcado por uma profunda ambiguidade (que permeia a dimensão da cidadania) concorrendo para tal institucionalização, tanto seus potenciais transformadores (emancipatórios) quanto seus potenciais conservadores (legitimadores/reguladores), pois nela se condensam tanto as necessidades estruturais da lógica de funcionamento e reprodução do capitalismo, quanto uma história de luta dos sujeitos sociais. Em outras palavras, na base do reconhecimento jurídico desses direitos e da consequente ampliação da dimensão da cidadania está a articulação ambígua entre este duplo potencial.

Trata-se, pois, de uma história inscrita na dialética concessão/conquista, legitimação/contestação, dominação/libertação, e que permanece aberta, uma vez que o conteúdo instituído da cidadania não o esgota; ao contrário, o entreabre. É isto o que parece mostrar a dinâmica das sociedades modernas: como resultado da confluência tensa e contraditória entre institucionalização e formas emergentes de participação, os direitos adquiridos têm impulsionado os sujeitos sociais à reivindicação de novos direitos, de forma que direitos novos podem ser enunciados sempre que houver novos enunciadores. A cidadania traz consigo, pois, a possibilidade permanente de sua reinvenção (o que aponta para a impropriedade de se adjetivar alguns direitos de *novos*).

Por outro lado, os protagonistas da luta através da qual o conteúdo da cidadania vem historicamente se ampliando não são apenas os agentes tradicionais da política, ou seja, os partidos e, a seguir, as organizações sindicais. Paralelamente a estes, movimentos sociais ou comunitários de base, organizações profissionais, comitês de bairro, associações de moradores e de defesa dos direitos humanos, comunidades eclesiais de base, organizações de auxílio mútuo, organizações não governamentais (e sua articulação em redes, em nível local ou planetário) fazem parte de uma longa lista de organizações que têm encontrado, na micropolítica, uma nova forma de politizar o tratamento das questões sociais.

Na sociedade brasileira contemporânea configura-se, por exemplo, uma pluralidade de formas de organização, mobilização e luta política que, fragmentadas e desiguais, no tempo e no espaço, encerram uma extraordinária diversidade de demandas, interesses e situações de vida, as quais expressam diferentes lutas pela conquista/ampliação da cidadania, colocando em pauta tanto a reivindicação de velhos direitos, de efetividade nula ou relativa (sejam civis, políticos, econômico-sociais, culturais) quanto novos direitos e reivindicações, desenvolvendo-se tanto perante o Estado quanto à margem dele e suas clássicas instituições de mediação.

Ilustram uma tal constatação a luta dos trabalhadores (que não é nova) situada no âmago do conflito capital x trabalho e das classes sociais; a luta das mulheres, dos negros, dos índios, das minorias sexuais, dos sem-terra, dos sem-teto e tantas outras, as quais encontram o sentido de suas reivindicações determinado pela forma concreta de desigualdade, sujeição e discriminação a que estão submetidos certos indivíduos enquanto associação, e não apenas individualmente. Com efeito, o que essas diferentes formas de luta revelam é que classes, grupos e movimentos sociais tornam-se, cada vez mais, os protagonistas da ação social e política, e que as necessidades e os conflitos extrapolam uma dimensão individual ou interindividual para alcançar uma dimensão interclassista e intergrupal. O processo a que assistimos é, assim, o da coletivização dos conflitos. Paralelamente, pois, à luta pela construção individual, desenvolve-se a luta por construções coletivas da cidadania, cuja conciliação inscreve-se no seu horizonte de possibilidades.

Desta forma, faz-se necessário pensar a cidadania de indivíduos histórica e socialmente situados. E situados em categorias, classes, grupos, movimentos sociais, e não de indivíduos atomizados, com autonomia referida a si, como no liberalismo, pois é desse *locus* que se engendram as identidades, as diferenças e os conflitos e se criam as condições para a emergência do(s) sentido(s) das cidadania. Em uma palavra, é fundamental a percepção do pluralismo na base da cidadania, pois suas formas de expressão são múltiplas e heterogêneas.

Assim, o horizonte de possibilidades da cidadania na contemporaneidade é extremamente complexo e, ao extrapolar os limites da cidadania liberal e seus pressupostos fundantes, revela o profundo descompasso desta com as exigências históricas naquela implicadas. Explicitando tal descompasso, é possível sustentar que: 1º) enquanto o conceito liberal de cidadania tem por pressuposto um conceito limitado do poder, da política e da democracia, subestimados na sociedade civil, a percepção da cidadania aqui delineada implica a superação destes pressupostos, uma vez que aponta para a dimensão micro (não estatal) do poder, da política e da democracia, na sociedade civil; 2º) enquanto o conceito liberal de cidadania tem por pressuposto um conceito individualista da sociedade, que somente vislumbra uma cidadania individual e conflitos interindividuais, a percepção aqui delineada busca apreendê-la, também, como construção coletiva que, expressando a coletivização dos conflitos, tem por protagonistas centrais categorias, classes, grupos e movimentos sociais, e não apenas indivíduos atomizados; 3º) enfim, e correlativamente, para além da representação política, postulada pela matriz liberal como conteúdo da cidadania – no bojo de um modelo específico de democracia – a cidadania, tal como aqui concebida, aponta para a participação política e o conjunto dos direitos humanos em sentido amplo.

Nessa perspectiva, situaria três indicações e deslocamentos que constituem a meu ver uma base, necessariamente histórica, para a reconstrução deste conceito paradigmático de cidadania. Reconstrução que significa, na perspectiva enunciada, dinamizar, historicizar e pluralizar o conceito, ampliando seus limites.

Em primeiro lugar, o deslocamento da apreensão da cidadania como categoria estática, de conteúdo definitivo, para sua apreensão como processo histórico e dimensão política de conteúdo mutável, mobilizado pela participação política.

É que, apreendida a partir de sua materialidade social, a cidadania não pode ser concebida como categoria monolítica, de significado cristalizado, cujo conteúdo tenha de ser preenchido de uma vez e para sempre (tal como no liberalismo), pois se trata de uma dimensão em movimento que assume, historicamente, diferentes formas de expressão e conteúdo, e cujo processo tem se desenvolvido nas sociedades centrais e periféricas com amplas repercussões sociais e políticas.

Repetiria com Mool (1995), ao resenhar *Cidadania: do Direito aos direitos humanos*, que "posto que a problemática da cidadania não é fundamentalmente uma questão de forma, mas de conteúdo que carrega a forma do que se trata aqui é de operar a metamorfose da categoria estática e cristalizada da cidadania em uma noção passível de conhecimento somente por via do conteúdo, da prática, do processo".

Este deslocamento implica dinamizar e historicizar o conceito, que se revela na práxis.

Em segundo lugar, o deslocamento da cidadania como dimensão que engloba unicamente os direitos políticos para dimensão que engloba o conjunto dos direitos (e deveres) humanos, instituídos e instituintes; da cidadania reduzida à representação ou nela esgotada, à cidadania centrada na participação como sua alavanca mobilizadora, o que envolve uma conscientização popular a respeito de sua importância ou, em outras palavras, uma pedagogia da cidadania.

Com este deslocamento, busco romper com a dicotomia homem-cidadão, tal como tematizada pelo liberalismo, através de uma unificação de temáticas que permita pensar os direitos (e deveres) humanos como núcleo da dimensão da cidadania e o problema de sua (ir)realização como problema relativo à construção da cidadania, numa perspectiva política em sentido amplo. E no mesmo movimento busco relativizar os direitos políticos e a representação que aparecem, aqui, como espécie do gênero participação, como microcosmos do macrocosmos participativo. Tal nível implica, por sua vez, o deslocamento da univocidade à pluralidade de sentido da cidadania.

Em terceiro lugar, o deslocamento da construção da cidadania individual (que remete à realização de direitos em condições de igualdade) às construções coletivas e plurais de classes, grupos e movimentos sociais (que reenviam à realização das diferenças e o respeito às minorias).

Trata-se de ampliar o conceito para incluir aí não mais apenas os direitos construídos na esteira da afirmação da igualdade jurídica como também a integração criativa das diferenças, pois "(...) a base da cidadania assentada no contrato social entre supostos iguais não mais se sustenta. Resgatar a autonomia e a pluralidade na distribuição dos direitos e deveres é uma necessidade imposta pela modernidade contemporânea". (Spink, 1994, p. 13)

Com efeito, revisitando a fundação do moderno conceito de cidadania, emblematizado na *Declaração Francesa dos Direitos do Homem e do Cidadão*, vimos como foi construído mediante um pacto excludente, eis que se tratava da cidadania do homem (masculina), jovem, branco e proprietário (Baratta, 1995). A expulsão da mulher, da criança, do adolescente e do idoso, assim como dos não brancos e não proprietários, aparece como fundadora do próprio conceito. E é esta exclusão mesma do pacto social fundador da cidadania que engendrará o processo de luta pela construção da cidadania dos excluídos, e está na base dos movimentos sociais feminista, antirracista, dos menores, adolescentes e idosos, etc.

Com base nos deslocamentos propostos, é possível chegar a uma aproximação conceitual da cidadania como sendo a dimensão de participação/inclusão na e responsabilidade pela vida social e política (espaço público local, regional, nacional, global, ...), e através da qual a reivindicação, o exercício e a proteção de direitos, deveres e necessidades se exterioriza enquanto processo histórico de luta pela emancipação humana, ambiguamente tensionado pela regulação social.

Tematizar a construção de uma nova cidadania implica, nessa esteira, tematizar uma vasta complexidade que inclui temas e problemas estruturais e transversais, antigos e recorrentes, novos e inéditos, de grande envergadura. Implica engajar-se, em definitivo, num esforço transdisciplinar de apreensão da cidadania.

2.5. A relação cidadania-democracia: da cidadania moldada pela democracia (representativa) à cidadania moldando a democracia (possível e sem fim)

Seja como for, é a visualização dos potenciais políticos democráticos da cidadania (concebida sob um novo prisma) que conduz a salientar sua importância para a construção democrática, especialmente no Brasil contemporâneo. Por isto, o quarto e último deslocamento proposto – através de uma projeção e dentro dos limites dos argumentos até aqui desenvolvidos – é o da cidadania moldada pela democracia (representativa) à cidadania moldando a democracia (possível e sem fim); da cidadania instituída pela democracia à cidadania instituinte da democracia: esta é a inversão de perspectiva a que aludi introdutoriamente.

Assim, diversamente do modelo liberal, no qual a cidadania existe como epifenômeno da democracia representativa, sendo moldada de acordo com suas exigências e não existindo fora dela, na sociedade brasileira esta diretriz necessita ser invertida, e a cidadania pensada como dimensão fundante ou instituinte da democracia possível, para além do liberalismo. Trata-se, pois, de pensar as condições de possibilidade da democracia no Brasil a partir das exigências que as diferentes lutas pela cidadania expressam e demandam.

E se a construção (plural) da cidadania não é o único desafio e a única problemática implicada na construção democrática ela é, sem dúvida, um desafio e uma problemática central, cujos desdobramentos são decisivos para responder ao interrogante sobre qual democracia é possível em dado momento histórico. Desta forma, o conteúdo da democracia e de suas instituições deve encontrar sua legitimidade, entre outros elementos, no conteúdo da cidadania. E, em vez de a cidadania moldar-se às exigências das instituições, estas é que devem moldar-se às exigências da cidadania, sob pena de, em face de sua ambiguidade constitutiva, produzir-se a hegemonia de seus potenciais reguladores sobres seus potenciais emancipatórios. O desafio da cidadania está, ininterruptamente, posto para a teoria e a práxis, o conhecimento e a ação, a academia e a rua, conjuntamente.

3. Sistema penal e violência sexual contra a mulher: proteção ou duplicação da vitimização feminina?[52]

3.1. Introdução

Abordo, neste texto, uma forma de violência[53] específica que é a violência sexual contra a mulher e como ela é construída ou decodificada pelo sistema da justiça penal ou sistema penal (Lei-Polícia-Justiça-Sistema Penitenciário), focalizando especialmente o estupro por ser o exemplo paradigmático desta violência. Trato, pois, do problema da vitimização sexual feminina e, mais especificamente, das complexas relações e difícil aliança das mulheres com o sistema penal; das dificuldades de compatibilizar as demandas das mulheres com a lógica do sistema penal.

Importa, por conseguinte, situar o lugar da fala, a justificativa e a importância da abordagem enunciada, o argumento que, no marco desta abordagem priorizo sustentar, e o instrumental teórico e empírico no qual me apoio para fazê-lo.

Pode-se constatar que o movimento feminista se debate, de longa data, em torno de duas vias mestras e um dilema básico: devemos buscar a igualdade ou devemos marcar, precisamente, a diferença em relação ao "masculino"? Seja como for, tanto na busca da igualdade ou

---

[52] Este texto, derivação parcial de uma pesquisa mais ampla realizada sob o patrocínio do CNPq no período de agosto de 1996 a agosto de 1997, foi publicado sob o título "Violência sexual e sistema penal: proteção ou duplicação da vitimização feminina?" *Seqüência*, Florianópolis, n. 33, dez. 1996; in DORA, Denise Dourado (org.). *Feminino e masculino*: igualdade e diferença na justiça. Porto Alegre: Sulina, 1997.

[53] O conceito de violência é aqui empregado no sentido amplo que lhe confere FELIPE (1996, p. 25), a saber, como uma ação momentânea ou "uma série de atos praticados de modo progressivo com o intuito de forçar o outro a abandonar o seu espaço constituído e a preservação da sua identidade como sujeito das relações econômicas, políticas, éticas, religiosas e eróticas... No ato de violência, há um sujeito... que atua para abolir, definitivamente, os suportes dessa identidade, para eliminar no outro os movimentos do desejo, da autonomia e da liberdade".

da diferença, ambas ancoradas na luta pela emancipação feminina, o movimento não fala uma só voz tendo se mostrado dividido, em diversos lugares do mundo, na sua opção em recorrer ou não ao sistema penal para proteger as mulheres.[54] Grosso modo, em torno dos anos 60, o movimento de mulheres concorre com o movimento da chamada Criminologia crítica para a tendência à minimização do sistema penal e especialmente para a descriminalização das ofensas contra a moral sexual como o adultério, a sedução, a casa de prostituição, etc., considerando o sistema penal como expressão da sociedade de classes existente. Mas uma convergência de fatores foi contribuindo, entre os anos 70 e 80, para que durante o processo de liberação sexual se demarcasse no interior do movimento uma nova atitude e direção. Um deles, muito importante, foi a aparição de instituições feministas de apoio, pois a criação de Centros de acolhida para mulheres maltratadas (criadas na Holanda em 1974) e de Delegacias de Mulheres (criadas no Brasil em 1984) para receber queixas específicas de violência de gênero foi demonstrando que os maus-tratos e a violência sexual contra as mulheres (assédios, estupros e abusos em geral) ocorriam muito mais frequentemente do que se pensava. (Beijerse; Kool, 1994, p. 142)

E tais denúncias, ao ir revelando uma enorme margem da vitimização sexual feminina que permanecia oculta (incluindo a dos maridos, pais, padrastos, chefes, etc.) conduziram a uma demanda pelo que denomino publicização-penalização do privado.

Explico-me. Isto significa que determinados problemas até pouco definidos como privados, como a violência sexual no lar (doméstica) e no trabalho se converteram, mediante campanhas mobilizadas pelas mulheres, em problemas públicos e alguns deles se converteram e estão se convertendo em problemas penais (crimes), mediante forte demanda (neo)criminalizadora.

A exemplo, a reforma penal espanhola de 1989 pretendeu responder algumas das pretensões das mulheres neste sentido, incluindo como novidades, no Código Penal, os crimes de "violência doméstica" (art. 425) e "inadimplemento de pensões" pelo ex-marido (art. 487). Pretendeu também a neutralização sexista de crimes tipicamente de gênero, como o estupro[55] (substituindo a antiga redação "el que vaciera con una mujer" pela atual formulação neutra "comete violación el que tuviere acceso carnal con otra persona...", que possibilita que a mulher

---

[54] Divisionismo que responde, por outro lado, a conjunturas históricas concretas. Na Itália, por exemplo, as feministas reivindicaram maior proteção penal precisamente quando o movimento estava mais fragilizado.

[55] Eis que, tradicionalmente, o estupro é um crime heterossexual (homem x mulher), em que a autoria é exclusiva do gênero masculino, e a vitimização, exclusiva do gênero feminino.

seja autora, e o homem, vítima do crime. A reforma penal canadense seguiu na mesma direção. (Larrauri, 1994a, p. 12 e 1994b, p. 95-6)

E a justificativa para esta (neo)criminalização, sob o signo da qual se realizaram, na década de 80, tais reformas penais, é a chamada "função simbólica" do Direito Penal. Os movimentos que a sustentam argúem não estar especialmente interessados no castigo, mas, fundamentalmente, na utilização simbólica do Direito Penal como meio declaratório de que os referidos problemas são tão importantes quanto os dos homens e pública ou socialmente intoleráveis. Ou seja, o que se busca com a criminalização destas condutas é, em primeiro lugar, a discussão e a conscientização públicas acerca do caráter nocivo delas e, a seguir, a mudança da percepção pública a respeito. Nesta esteira, o marido que não paga a pensão alimentícia para sua ex-mulher ou o chefe que assedia sexualmente a empregada passam a ser vistos como criminosos. Concorda-se ainda, no universo desta argumentação feminista, que é possível encontrar outros meios declaratórios mas, seguem arguindo, não se compreende porque precisamente as mulheres têm de renunciar ao meio declaratório por excelência – o Direito Penal. E enquanto exista, é uma arena adicional onde elas devem enfrentar a batalha exigindo reconhecimento e proteção do mesmo e forçando-o a adotar um tratamento não discriminatório nem desvalorizador da mulher.

Desta forma, o movimento feminista (europeu e norte-americano) foi que mais elaborou a necessidade de utilizar o Direito Penal de forma simbólica, a função mais citada na década de 80, significando que o Direito Penal deveria cumprir a função positiva de plasmar os valores da nova moral feminista. (Larrauri, 1991, p. 219)

Particularmente no Brasil contemporâneo e por ocasião da atual reforma da parte especial do Código Penal brasileiro de 1940 em curso, assistimos a um processo de dupla via: ao mesmo tempo em que se discute a descriminalização e despenalização de condutas tipificadas como crimes (adultério, sedução por inexperiência, casa de prostituição, aborto, etc.) discute-se a criminalização de condutas até então não criminalizadas (como violência doméstica e assédio sexual), agravamento de penas (como no caso de assassinato de mulheres) e, enfim, a redefinição de crimes sexuais como o estupro, objetivando a sua neutralização sexista. E segmentos muito representativos do movimento feminista no Brasil e da população em geral têm apoiado esta dupla via, apontando tal como um progresso ou avanço do movimento feminista.

Mas no Brasil, quando a mesma reforma se realiza uma década após e em outra conjuntura, a justificativa neocriminalizadora parece recair, diferentemente das reformas espanholas e canadense, p. ex., na função retribucionista: trata-se de punir ou castigar os homens. De qualquer modo, acredita-se também obter, como efeito, uma mudança de consciência e atitude masculinas relativamente à violência contra a mulher.

Permanece, portanto difusa a resposta sobre o sentido da proteção penal (o que buscam as mulheres com a criminalização de condutas como o assédio sexual? O que esperam do sistema penal?) e, particularmente, sob que justificativa convivem a tendência para a minimização e desregulação penal e a tendência para a expansão e neo-regulação penal associadas à neutralização de delitos de gênero? Em função de que lógica se descriminaliza o adultério e se criminaliza o assédio, por exemplo?

Mas há também segmentos do movimento feminista que, como já referi, sustentam a necessidade de questionar o recurso ao sistema penal, assim como a importância de buscar meios alternativos mais sintonizados com os objetivos feministas dos quais o sistema penal está bastante alheio.

Subscrevendo esta segunda postura, o argumento fundamental que pretendo sustentar aqui é, pois, o seguinte. O sistema da justiça penal, salvo situações contingentes e excepcionais, não apenas é um meio ineficaz para a proteção das mulheres contra a violência sexual como também duplica (respondendo ao interrogante formulado no título) a violência exercida contra ela e divide as mulheres, sendo uma estratégia excludente que afeta a própria unidade do movimento. Consequentemente, nenhuma das referidas vias da construção da igualdade e da diferença feminina podem buscar-se através do sistema penal. O que importa salientar, nesta perspectiva, é que redimensionar um problema e (re)construí-lo como problema social não significa que o melhor meio de responder a ele ou solucioná-lo seja convertê-lo, quase automaticamente, em um problema penal (crime). Ao contrário, a conversão de um problema privado em problema social e deste em problema penal (como o assédio sexual) é uma trajetória de alto risco, pois, regra geral, equivale a duplicá-lo, ou seja, submetê-lo a um processo que desencadeia mais violência e problemas do que aqueles a que se propõe resolver, pois o sistema penal também transforma os problemas com que se defronta.

E isto porque se trata de um (sub)sistema de controle social seletivo e desigual (de homens e mulheres) e porque é, ele próprio, um sistema de violência institucional que exerce seu poder e seu impacto também sobre as vítimas.[56] E, ao incidir sobre a vítima mulher a sua

---

[56] Pois, para usar uma metáfora de RESTA (1991), o sistema penal é como o "Parmakhon" que é igual ao mal que pretende curar: a violência na sociedade.

complexa fenomenologia de controle social – a culminação de um processo de controle que certamente inicia na família – o sistema penal duplica ao invés de proteger a vitimização feminina.

Além da violência sexual representada por diversas condutas masculinas (estupro, assédio), a mulher torna-se vítima da violência institucional (plurifacetada) do sistema penal que expressa e reproduz a violência estrutural das relações sociais capitalistas (a desigualdade de classe) e patriarcais (a desigualdade de gêneros) de nossas sociedades e os estereótipos que elas criam e se recriam no sistema penal e são especialmente visíveis no campo da moral sexual dominante. Consequentemente, a criminalização de novas condutas sexuais só ilusoriamente representa um avanço do movimento feminista no Brasil ou que se esteja defendendo melhor os interesses da mulher ou a construção de sua cidadania.

Considerando, por outro lado, que nos limites deste texto não é possível desenvolver este argumento numa perspectiva diacrônica nem (por isso mesmo) fundamentá-lo consistente e definitivamente, resta-me desenvolvê-lo numa perspectiva sincrônica, pontualizando algumas teses que, acumuladas pelo conhecimento criminológico e historiográfico sobre o moderno sistema penal,[57] podem ser consideradas irreversíveis e alguns resultados, também já acumulados, da experiência histórica e comparada do movimento feminista no campo político-criminal e da reforma penal.

Para fundamentar, nestes termos, o argumento enunciado, abordarei na sequência três pontos fundamentais: 1) o funcionamento genérico do sistema penal nas sociedades capitalistas; 2) e, em especial, relativamente aos crimes sexuais, tomando o estupro como exemplo paradigmático, bem como 3) a avaliação que vem sendo feita sobre os resultados das referidas reformas no campo da moral sexual.

3.2. Construção e promessas do moderno sistema penal: as grandes linhas de autolegitimação oficial

Fundamental, pois, iniciar revisitando quais são as promessas básicas do moderno sistema penal, os seus déficit de realização e a sua crise de legitimidade.

---

[57] Refiro-me à Criminologia desenvolvida no marco do paradigma da reação social, desde o *labelling approach* ou teorias do etiquetamento até a Criminologia crítica e feminista, cuja caracterização e resultados sobre o sistema penal abordei no capítulo anterior e seguirei abordando neste e nos seguintes. Refiro-me às Ciências Sociais para designar o conjunto dos resultados (criminológicos e historiográficos, etc.) sobre o sistema penal.

Podemos identificar duas grandes linhas de "autolegitimação" do moderno sistema penal, porque construídas pelo próprio saber penal oficial[58] ao longo da construção deste sistema nos séculos XVIII e XIX: a tradicional legitimação pela legalidade e a legitimação pela utilidade.

Pela via da legalidade (centrada no subsistema da "Justiça"), o sistema penal se apresenta à sociedade como um exercício racionalmente programado do poder punitivo prometendo se exercer nos estritos limites da legalidade, da culpabilidade, da humanidade e, especialmente, da igualdade jurídica; ou seja, dos princípios do Estado de Direito e do Direito Penal e Processual Penal liberais construídos desde o Iluminismo para a garantia dos acusados.

Mas uma vez que a racionalidade do Direito moderno não se fundamenta unicamente sobre seus caracteres formais, requer sobretudo, a instrumentalidade do conteúdo com respeito a fins socialmente úteis (Baratta, 1986, p. 82) a legalidade, representando um limite negativo e formal do poder de punir, não esgota seu discurso legitimador. Por isto mesmo o saber oficial, além de atribuir ao Direito Penal a função de "proteção de bens jurídicos" universais, que interessam igualmente a todos os cidadãos, trata de atribuir também à pena funções socialmente úteis, consubstanciadas na dupla finalidade de retribuição (equivalente) e de prevenção (geral e especial) do crime.

O sistema penal, constituído pelos aparelhos policial, judicial ministerial e prisional aparece como um sistema operacionalizado nos limites da lei, que protege bens jurídicos gerais e combate a criminalidade (o "mau") em defesa da sociedade (o "bem") através da prevenção geral (intimidação dos infratores potenciais pela ameaça da pena cominada em abstrato na lei penal), em especial (ressocialização dos condenados pela execução penal), garantindo também a aplicação igualitária da lei penal aos infratores.

Através deste duplo eixo vimos constituir-se, pois, uma ideologia extremamente sedutora (liberal e da defesa social) e com um fortíssimo apelo legitimador através da qual o sistema penal promete, em suma, que o paraíso passa pela sua mediação. E, em nome dessas promessas, toda uma engenharia jurídica e institucional de alto, altíssimo custo social se ergueu e um arsenal de técnicos veio substituir o carrasco oficial do "Antigo Regime". (Focault, 1987)

Por isto mesmo esta ideologia legitimadora se mantém constante até nossos dias e consubstancia o que Baratta (1978, p. 9-10) denomina

---

[58] Tal saber inclui desde a Filosofia desenvolvida pela Escola Clássica passando pela Dogmática Penal e a Criminologia desenvolvida pela Escola Positiva.

o "mito do Direito Penal igualitário" que se expressa, então, em duas proposições: a) O Direito Penal protege igualmente a todos os cidadãos das ofensas aos bens essenciais, em relação aos quais todos os cidadãos têm igual interesse; b) A lei penal é igual para todos, isto é, os autores de comportamentos antissociais e os violadores de normas penalmente sancionadas têm "chances" de se converter em sujeitos do processo de criminalização, com as mesmas consequências.

3.3. Desconstrução do moderno sistema penal: da crise de legitimidade à eficácia instrumental inversa à prometida

Ao demonstrar, sobre bases teórica e empiricamente fundamentadas, a estrutura, a operacionalidade e as funções do sistema penal na modernidade capitalista, as Ciências Sociais contemporâneas têm promovido uma verdadeira radiografia interna, mostrando que há não apenas um profundo déficit histórico de cumprimento das promessas oficialmente declaradas pelo seu discurso oficial (do qual resulta sua grave crise de legitimidade) como o cumprimento de funções inversas às declaradas. As Ciências Sociais contemporâneas evidenciam que há, para além das intervenções contingentes, uma lógica estrutural de operacionalização do sistema penal comum às sociedades capitalistas centrais e periféricas, que é a lógica da seletividade,[59] que não apenas viola os princípios constitucionais do Estado de Direito e do Direito Penal e Processual Penal liberais e os fins atribuídos ao Direito Penal e à pena mas é, num plano mais profundo, oposta a ambas. O sistema penal cumpre funções latentes opostas às declaradas. Razão pela qual afirmei em outro lugar (Andrade, 1997a) que o sistema penal se caracteriza por uma eficácia instrumental inversa à prometida à qual uma eficácia simbólica (legitimadora) confere sustentação.

Destaquemos, neste sentido, três incapacidades (déficit) e inversões fundamentais do sistema penal que chamarei de garantidora, preventiva e resolutória.

A incapacidade/inversão garantidora significa que comparando-se a programação normativa do sistema penal, isto é, como deveria ser, de acordo com os referidos princípios garantidores, com seu real funcionamento, pode-se concluir que o sistema penal não apenas viola, mas está estruturalmente preparado para violar a todos os princípios (Zaffaroni, 1991, p. 237 e 1989, p. 439) e que, regra geral, é

---

[59] Explicitada no capítulo anterior. O que não significa que o exercício do poder do sistema penal não experimente, por outro lado, o impacto de especificidades regionais e conjunturais.

um sistema de "violação" ao invés de "proteção" de direitos (Baratta, 1993).[60] Relativamente ao princípio da igualdade jurídica, esta violação se manifesta pela seletividade, que constitui sua lógica estrutural de operacionalização. E, por isso mesmo, o sistema penal não protege de forma universal mas seletiva os bens jurídicos declarados. Logo, há uma contradição estrutural entre a lógica do sistema penal e a lógica dos direitos humanos como lógica tendente a uma igualdade progressiva e na qual uma das facetas do movimento feminista se insere, pois,[61] "enquanto os direitos humanos assinalam um programa realizador de igualdade de direitos de longo alcance, os sistemas penais são instrumentos de consagração ou cristalização da desigualdade de direitos em todas as sociedades". (Zaffaroni, 1991, p. 149)

A incapacidade/inversão preventiva consiste, a sua vez, em que as funções reais da pena e do sistema penal não apenas têm descumprido mas sido opostas às funções instrumentais e socialmente úteis declaradas pelo discurso oficial. A pretensão de que a pena possa cumprir uma função instrumental de efetivo controle (e redução) da criminalidade e de defesa social na qual se baseiam as teorias da pena, deve, através de pesquisas empíricas nas quais a reincidência é uma constante, considerar-se como promessas falsificadas ou, na melhor das hipóteses, não verificadas nem verificáveis empiricamente. (Baratta, 1991, p. 49 e 1993, p. 51)

Em geral está demonstrado, neste sentido, que a intervenção penal estigmatizante (como a prisão), ao invés de reduzir a criminalidade, ressocializando o condenado, produz efeitos contrários a uma tal ressocialização, isto é, a consolidação de verdadeiras carreiras criminosas cunhadas pelo conceito de "desvio secundário". A pena não previne, nem a prisão ressocializa. O cárcere, em vez de um método ressocializador, é um fator criminógeno e de reincidência. (Baratta, 1993, p. 50-1; Zaffaroni, 1989, p. 38; Hulsman, 1993, p. 72)

Num sentido mais profundo, contudo, a crítica indica que a prisão não pode "reduzir" precisamente porque sua função real é "fabricar" a criminalidade e condicionar a reincidência. Daí se explica o fracasso das permanentes reformas ressocializadoras. As funções reais da prisão aparecem, assim, em uma dupla reprodução: reprodução da criminalidade (recortando formas de criminalidade das classes dominadas e excluindo a criminalidade das classes dominantes) e repro-

---

[60] E embora tal violação, amplamente documentada por instituições de defesa dos direitos humanos nacionais e internacionais se verifique, em maior ou menor grau, na totalidade dos sistemas penais vigentes, na América Latina adquire contorno muito mais agudos. A respeito, ver ZAFFARONI (1991).

[61] A respeito, ver também ZAFFARONI (1989. p. 439-40, e 1991, p. 33, 147-152).

dução das relações sociais de dominação. (Foucault, 1987; Cirino dos Santos, 1981, p. 56)

A função latente e real do sistema não é, portanto, combater e eliminar a criminalidade mas, ao revés, geri-la ou controlá-la seletivamente. Trata-se de um sistema de gerência diferencial (Foucault, 1987, p. 82 e 196) ou controle seletivo da criminalidade (Criminologia da reação social e crítica).

A incapacidade/inversão resolutória do sistema penal remete, enfim, para o lugar da vítima no sistema penal. É que desde os séculos XII e XIII a vítima foi excluída como sujeito atuante do processo penal e substituída por um representante do soberano ou do Estado, com um prejuízo estrutural e irreversível para ela, eis que excluída da gestão do conflito que lhe interessa diretamente. E seja por esta expropriação estatal do direito de a vítima coparticipar no processo penal: seja porque a violência institucional é "consubstancial a todo sistema de controle social" (Muñoz Conde, 1985, p. 16) ou "intrínseca à ação de controle social" (Cirino, 1981, p. 123) o sistema da justiça penal não pode ser considerado, diferentemente de outras como a justiça civil, como um modelo de "solução de conflitos" gerando, ao revés, mais problemas e conflitos do que aqueles que se propõe a resolver com a agravante dos seus altos custos sociais. (Hulsman, 1993, p. 91; Zaffaroni, 1989, p. 437; 1991, p. 197, 203-4 e 212-3; Baratta, 1988, p. 665-9)

3.4. Contribuição fundamental do movimento e da Criminologia feminista: a lógica da honestidade como uma sublógica da seletividade acionada para a criminalização sexual e sua relação funcional com a dominação sexista

A irrupção do movimento feminista e a entrada em cena de mulheres no mundo de homens criminólogos contribuiu, em primeiro lugar, para ampliar o objeto de estudo da Criminologia crítica. A tese da seletividade não confronta, em sua origem, a desigualdade de gêneros,[62] mas a desigualdade de grupos e classes sociais engendradas pelo capitalismo.

E ao excluir a especificidade do gênero "mulher" do seu objeto a Criminologia crítica exclui dele, sustentam as criminólogas feministas, a criminalidade e/ou a criminalização e o controle social da metade da população composta por mulheres. E esta ausência do feminino

---

[62] Sobre os conceitos de sexo e gênero, ver LARRAURI (1994a, p. 12).

do campo criminológico tem consequências tangíveis, eis que obstaculiza o conhecimento e a compreensão da conduta delitiva e do controle social geral. (Analía, 1992, p. 30)

Denunciado este androcentrismo,[63] a Criminologia feminista introduziu no campo criminológico as categorias de patriarcalismo (ao lado de capitalismo) e relações de gênero (ao lado da luta de classe) e as formas de dominação masculinas (sexistas) sobre a mulher (ao lado da dominação classista). As criminólogas feministas irão sustentar, pois, que a gênese da opressão das mulheres não pode se reduzir à sociedade capitalista, pois se esta oprime a mulher, sua opressão é anterior e distinta, produto da estrutura patriarcal da sociedade. Destacar ambos os aspectos é portanto fundamental porque ambas as estruturas, capitalista e patriarcal, não operam sempre de modo análogo. (Larrauri, 1991, p. 194)

Mediante este deslocamento do enfoque classista para o enfoque de gênero questionaram a ideologia da superioridade masculina (Larrauri, 1994a, p. 4), investigando a especificidade dos sistemas de controle social informal e formal (Direito Penal) quando aplicados às mulheres, a visão que esses sistemas e seus agentes têm das mulheres e como ao serem aplicados criam e recriam determinados estereótipos referidos aos comportamentos de cada gênero. Daí que a mulher como vítima e uma vitimologia crítica assuma aqui um lugar central. Como o Direito Penal trata e apresenta a mulher? É o Direito Penal um instrumento essencialmente masculino? A suspeita, vocalizada por Mackinnon (1983, p. 644), foi precisamente a de que "O Direito vê e trata as mulheres como os homens veem e tratam as mulheres".

A incorporação da perspectiva de gênero traduziu-se, assim, em uma contribuição simultaneamente científica e política. Científica porque contribui com a Criminologia crítica para maximizar a compreensão até então obtida do funcionamento do sistema penal e social.[64] Política porque desvelou que sob o aparente tecnicismo e neutralidade com a qual se formulam e aplicam as normas e os conceitos jurídicos subjaz uma visão dominantemente masculina. (Larrauri, 1994a, p. IX)

Talvez uma das maiores contribuições neste sentido se situe no campo da criminalização sexual e na revelação do que denomino, por

---

[63] Androcêntrica é, pois, a perspectiva que toma como paradigma do humano o masculino, ignorando em suas análises a referência à situação da mulher, seja como vítima ou autora e apresentando o problema do delito como um fenômeno masculino.

[64] Alessandro Baratta trabalhou nesta perspectiva, teorizando a compatibilidade das abordagens de gênero com a Criminologia Crítica e as possibilidades de um desenvolvimento unitário desta com a chamada Criminologia Feminista. BARATTA (1999, p. 18-80).

sua vez, de uma "lógica da honestidade" como uma "sublógica" acionada pelo sistema penal para a criminalização das condutas sexuais.

Como já mencionei, ao revelar uma enorme margem oculta da violência contra as mulheres, especialmente nas relações de parentesco e autoridade, a criação de Centros e Delegacias de mulheres foi decisiva na sua demanda neocriminalizadora. Mas foi também – acrescento agora – como fonte empírica de novas pesquisas e estudos, especialmente do estupro (que tomo aqui como referente) que corroboram três teses fundamentais da Criminologia acima enunciadas.

Em primeiro lugar, que os crimes sexuais são condutas majoritárias e ubíquas, e não de uma minoria anormal. Em segundo lugar e correlativamente, que a violência sexual não é voltada, prioritariamente, para a satisfação do prazer sexual, o que retira a culpa, insistentemente atribuída à mulher, pela explícita ou latente provocação de sua prática. E em terceiro lugar, que nos crimes sexuais se julgam as "pessoas" (autor e vítima) envolvidas, antes que o fato-crime cometido, de acordo com estereótipos de estupradores e vítimas.

Relativamente ao estupro, paulatinamente foi se descobrindo que ocorre com frequência, que cada homem pode ser um estuprador, que cada mulher pode ser a vítima e que a vítima e o ofensor muito frequentemente se conhecem (Beijerse, Kool, 1994, p. 143). O estupro é praticado por estranhos e nas relações de parentesco, profissionais e de amizade em geral (por maridos, chefes, amigos), e não por homens "anormais". Ocorre na rua, no lar e no trabalho, contra crianças, adolescentes, adultas e velhas, tendo sido denunciado contra vítimas desde poucos meses de idade até sexa ou octogenárias.

Pouco a pouco, pois,
> vão surgindo investigações que descrevem o estupro mais como o produto extremo de uma estrutura social "normal" que como consequência de uma personalidade "anormal" dos violadores. As atitudes gerais que tendem a enfatizar o poder e a dominação do homem sobre a mulher proporcionam a base ideológica e socioestrutural da violação e do costume de "acusar a vítima" que caracteriza este delito. A violação é uma conduta estandardizada e muito comumente planejada e reiterativa. Estas características confirmam sua origem social e contradizem a visão tradicional da violação como impulso biológico irreprimível. (Karlene, Nanette, 1994, p. 119)

Descobriu-se também que a agressão é um motivo mais importante para o estuprador que a satisfação do prazer sexual, ou que o sexo, como a violência, é só uma forma de intimidar as mulheres. As mulheres começaram a dar-se conta de que o estupro, os maus-tratos, o incesto, a prostituição, o assédio sexual no trabalho, etc. são fenômenos de uma estrutura de poder, a existente entre homens e mulheres. (Beijerse, Kool, 1994, p. 143)

A pesquisa de Kolodny, Masters e Johnson (1982, p. 430-431) conclui, neste sentido, que a maioria dos estupros ocorre dentro de um contexto de violência física em vez de paixão sexual ou como meio para a satisfação sexual, pois, prosseguem,

> constatamos que ou a força ou a ira dominam, e que o estupro, em vez de ser principalmente uma expressão de desejo sexual, constitui, de fato, o uso da sexualidade para expressar questões de poder e ira. O estupro, então, é um ato pseudo-sexual, um padrão de comportamento sexual que se ocupa muito mais com *status*, agressão, controle e domínio do que com o prazer sexual ou a satisfação sexual. Ele é comportamento sexual a serviços de necessidades não sexuais.

Embora, contudo, já cientificamente desfeita a mitologia que circunda o estupro, continua-se reproduzindo o estereótipo do estuprador como um anormal e, numa preconceituação masculina, continua-se acentuando o encontro sexual e o coito vaginal antes que a violência. Quanto à sua autoria, o estupro é, pois, uma conduta majoritária e ubíqua, mas desigualmente distribuída, de acordo, sobretudo, com estereótipos de estupradores que operam ao nível do controle social formal (Lei, Dogmática, Polícia, Justiça) e informal (opinião pública).[65] É mais fácil etiquetar como estupro a conduta cometida por um estranho na rua, que a realizada pelo chefe ou pelo marido, cuja possibilidade está, em algumas legislações, explicitamente excluída.[66] (Steiner, 1989, p. 18)

O que nos conduz ao terceiro aspecto mencionado, a saber, o de que o sistema penal acende suas luzes, prioritariamente, sobre as pessoas envolvidas: o autor e, especialmente, a vítima mulher e sua reputação sexual, em detrimento da violência do fato-crime.

---

[65] O estupro (crime hediondo desde o art. 1º da Lei nº 8.072, de 25.07.1990) era definido no art. 213 do Código Penal brasileiro, ao tempo desta pesquisa, como: "Constranger mulher à conjunção carnal, mediante violência ou grave ameaça. Pena – reclusão, de 6 (seis) a 10 (dez) anos".
A interpretação dogmática e jurisprudencial dominante a respeito era a de que a conjunção carnal abrangia, unicamente, o coito vaginal. Desde a reforma introduzida pela Lei nº 12.015, de 7 de agosto de 2009, que fundiu os tipos estupro e atentado violento ao pudor em um só tipo penal, ficou assim definido: "Constranger alguém, mediante violência ou grave ameaça, a ter conjunção carnal ou a praticar ou permitir que com ele se pratique outro ato libidinoso: Pena – reclusão, de 6 (seis) a 10 (dez) anos. § 1º. Se da conduta resulta lesão corporal de natureza grave ou se a vítima é menor de 18 (dezoito) ou maior de 14 (catorze) anos: Pena – reclusão, de 8 (oito) a 12 (doze) anos. § 2º. Se da conduta resulta morte: Pena – reclusão, de 12 (doze) a 30 (trinta) anos".

[66] O referido art. 213 não proibia, com efeito, que o marido pudesse ser sujeito ativo de estupro contra a esposa. Mas na doutrina e jurisprudência gozava de forte tradição a tese que sustentava a impossibilidade, sob o argumento de que um dos deveres do casamento civil é a prestação carnal, e a mulher não pode, portanto, recusá-la.

Por isto mesmo a referência à vitimologia e à pessoa da vítima relacionadamente à pessoa do autor, que não se dá com a mesma intensidade em todos os processos de criminalização, encontra nos crimes sexuais o lugar por excelência de sua utilização. É o que vimos, explicitamente declarado, na Exposição de Motivos do Código Penal brasileiro de 1940, ao justificar a expressão "comportamento da vítima" introduzida no art. 59 do Código Penal brasileiro pela reforma penal de 1984: "Fez-se referência expressa ao comportamento da vítima erigida, muitas vezes, em fator criminógeno, por constituir-se em provocação ou estímulo à conduta criminosa, como, entre outras modalidades, o pouco recato da vítima nos crimes contra os costumes".

Mas diversos estudos demonstram, também, que se qualquer mulher pode ser vítima da violência sexual, a distribuição desta vitimização pelo sistema penal é seletiva; que a vitimização, assim como a criminalidade, também é uma possibilidade majoritária mas desigualmente distribuída de acordo com estereótipos de vítimas, pois, com efeito, "a intervenção estereotipada do sistema penal age tanto sobre a 'vítima', como sobre o 'delinquente'. Todos são tratados da mesma maneira". (Hulsman, 1993, p. 83)

Há, assim, uma lógica específica acionada para a criminalização das condutas sexuais – a que denomino "lógica da honestidade" – que pode ser vista como uma sublógica da seletividade à medida que consiste não apenas na seleção estereotipada de autores mas também na seleção estereotipada das vítimas, relacionalmente. E esta é assentada, nuclearmente, na reputação sexual.

De modo que o referencial para a distribuição da vitimização sexual feminina é a moral sexual dominante simbolizada no conceito de "mulher honesta", só aparentemente vago.[67] Trata-se, pois, da vitimização seletiva das mulheres obedecendo à proteção seletiva do bem jurídico moral sexual: só a moral das "mulheres honestas", maiores ou menores de idade, é protegida.

Seletividade que não se reduz, por outro lado, à criminalização secundária, pois pode ser empiricamente comprovada ao longo do processo de criminalização desde a criminalização primária (definições legais dos tipos penais ou discurso da Lei) até os diferentes níveis da criminalização secundária (inquérito policial, processo penal

---

[67] Só aparentemente vago porque, em última instância, o discurso jurídico-penal define a mulher honesta (decente, honrada, de compostura), de acordo com a moral sexual dominante, por oposição à mulher desregrada e de "vários leitos" da qual a prostituta representa a radicalização negativa.

ou discurso das sentenças e acórdãos) e a mediação do discurso dogmático entre ambas.[68]

E muito embora a definição legal do estupro prescinda desta exigência, a lógica da honestidade é tão sedimentada que "os julgamentos de estupro, na prática, operam, sub-repticiamente, uma separação entre mulheres 'honestas' e mulheres 'não honestas'. Somente as primeiras podem ser consideradas vítimas de estupro, apesar do texto legal". (Ardaillon, Debert, 1987, p. 35)

Desta forma, o julgamento de um crime sexual – inclusive e especialmente o estupro – não é uma arena onde se procede ao reconhecimento de uma violência e violação contra a liberdade sexual feminina tampouco onde se julga um homem pelo seu ato. Trata-se de uma arena onde se julgam simultaneamente, confrontados numa fortíssima correlação de forças, a pessoa do autor e da vítima: o seu comportamento, a sua vida pregressa. E onde está em jogo, para a mulher, a sua inteira "reputação sexual" que é – ao lado do *status familiar* – uma variável tão decisiva para o reconhecimento da vitimização sexual feminina quanto a variável *status social* o é para a criminalização masculina.[69]

O que ocorre, pois, é que no campo da moral sexual o sistema penal promove, talvez mais do que em qualquer outro, uma inversão de papéis e do ônus da prova. A vítima que acessa o sistema requerendo o julgamento de uma conduta definida como crime – a ação, regra geral, é de iniciativa privada – acaba por ver-se ela própria "julgada" (pela visão masculina da lei, da polícia e da Justiça) incumbindo-lhe provar que é uma vítima real, e não simulada.

Tem sido reiteradamente posto de relevo como as demandas femininas são submetidas a um intensa "hermenêutica da suspeita"[70] do

---

[68] Até o advento da Lei nº 11.106, de 28 de março de 2005 (que revogou a qualificação patriarcal mulher "honesta" dos crimes contra os costumes), esta lógica poderia ser empiricamente comprovada ao longo de todo o processo de criminalização, inclusive desde a criminalização primária (definições legais dos tipos penais ou discurso da lei) até os diferentes níveis da criminalização secundária (inquérito policial, processo penal ou discurso das sentenças e acórdãos) e a mediação do discurso dogmático entre ambas. E isto porque, no Título VI "Dos crimes contra os costumes" do Código Penal brasileiro, inteiramente atravessado pela ideologia patriarcal, diversos tipos penais requeriam que a vítima fosse "mulher honesta", como posse sexual mediante fraude (art. 214), atentado ao pudor mediante fraude (art. 215), sedução (art. 216), rapto consensual (art. 220), pré-selecionando a vitimização, já que estavam excluídas, *a priori*, as mulheres desonestas e, em especial, as prostitutas. Após a abolição expressa da qualificação "honesta", signo da ideologia patriarcal, fica a cargo da cultura judiciária a superação da "lógica da honestidade", que vigora até hoje em relação ao estupro, crime cuja definição legal nunca contemplou aquela adjetivação.

[69] A respeito, ver a pesquisa de ARDAILLON e DEBERT (1987) que ilustra, exemplarmente, o estereótipo do estuprador *x* vítima honesta.

[70] A expressão é citada em GARLAND (1987), embora para outro contexto.

constrangimento e da humilhação ao longo do inquérito policial e do processo penal que vasculha a moralidade da vítima (para ver se é ou não uma vítima apropriada), sua resistência (para ver se é ou não uma vítima inocente), reticente a condenar somente pelo exclusivo testemunho da mulher (dúvidas acerca da sua credibilidade).[71]

Em suma, as mulheres estereotipadas como "desonestas" do ponto de vista da moral sexual, em especial as prostitutas, não apenas não são consideradas vítimas, mas podem ser convertidas, com o auxílio das teses vitimológicas mais conservadoras, de vítimas em acusadas ou rés num nível crescente de argumentação que inclui elas terem "consentido", "gostado" ou "tido prazer", "provocado", forjado o estupro ou "estuprado" o pretenso estuprador. Especialmente se o autor não corresponder ao estereótipo de estuprador, pois correspondê-lo é condição fundamental para a condenação.[72]

Nesta perspectiva, o *second code* policial e judicial não difere, uma vez mais, do senso comum social. O sistema penal distribui a vitimização sexual feminina com o mesmo critério que a sociedade distribui a honra e a reputação feminina: a conduta sexual. (Larrauri, 1994b, p. 102)

E isto significa que "a vida sexual da mulher joga um papel fundamental na forma de ser enjuizada e considerada tanto na vida cotidiana como pelos Tribunais de Justiça e instituições cuja atribuição é propiciar uma correta aplicação da lei.[73]

Num plano mais profundo, pois, chega-se a uma importante conclusão sobre o objeto jurídico protegido através da sublógica da honestidade.

---

[71] Decisões reiteradas dos tribunais brasileiros neste sentido (como RT 327/100, 533/376 498/292 e 387/301) podem ser ilustradas pelas ementas que seguem: "Tratando-se de mulher leviana, cumpre apreciar com redobrados cuidados a prova da violência moral". "Tratando-se de vítima honesta, e de bons costumes, suas declarações têm relevante valor. Se a vítima é leviana, a prova deve ser apreciada com redobrado cuidado". "A palavra da moça seduzida constitui prova de autoria do crime quando ela é honesta e de bons costumes e procedimento". "Se a mulher alega, sem qualquer lesão, ter sido estuprada por um só homem, que se utilizou da força física, suas declarações devem ser recebidas com reservas ou desconfiança". A respeito ver MIRABETE (1986, p. 408 e 420) e DELMANTO (1988, p. 390).

[72] A pesquisa de ARDAILLON e DEBERT (1987, p. 23), constata que a referida persistência da visão do estuprador como um anormal "explica em grande parte a má vontade dos investigadores e delegados de Polícia, que tendem a ver as denúncias de estupro como uma fantasia de mulheres históricas e vingativas, quando o acusado não se enquadra no modelo de um ser "anormal".

[73] Como demonstra a investigação de LEES (1994, p. 17-19), a repressão das mulheres por meio da reputação sexual começa já na adolescência, pois enquanto o prestígio de uma menina pode ficar depreciado ou destruído por insinuações feitas sobre sua moral sexual, a reputação de um menino, ao contrário, normalmente melhora com o número de experiências sexuais.

A proteção é da moral sexual dominante, e não da liberdade sexual feminina que, por isso mesmo, é pervertida (a mulher que diz "não" quer dizer "talvez"; a que diz "talvez" quer dizer "sim"...), pois o sistema penal é ineficaz para proteger o livre exercício da sexualidade feminina e o domínio do próprio corpo. Se assim o fosse, todas as vítimas seriam consideradas iguais perante a lei, e o assento seria antes no fato-crime e na violência do que na conjunção carnal. Não é à toa que ocorre o inverso. A sexualidade feminina referida ao coito vaginal diz respeito à reprodução. E a função reprodutora (dentro do casamento) se encontra protegida sob a forma da sexualidade honesta. De modo que a protegendo, mediante a proteção seletiva da mulher honesta, (que é a mulher comprometida com o casamento, a constituição da família e a reprodução legítima) se protege, latentemente, a unidade familiar e, indiretamente, a unidade sucessória (o direito de família e sucessões) que, em última instância, mantém a unidade da classe burguesa no capitalismo.

3.5. Contribuição da experiência político-criminal e reformista acumulada na luta feminista contra a violência

Finalmente, estudos realizados depois da introdução de reformas na legislação relativa aos crimes sexuais mostram efeitos bastante desalentadores para a mulher.

As reformas introduzidas no sentido de neutralizar o crime de estupro, enfatizando a "violência", revelam-se de discutível avanço desde o ponto de vista feminista. A respeito, assinala Los (1990, 1992, p. 20) em sua avaliação sobre a reforma canadense neste sentido que a mesma foi vista como um atentado por muitas feministas, já que o Direito Penal, ao seguir a lógica jurídica da igualdade e partir de um gênero neutro, produziu uma dupla descontextualização.

Ao emitir a mensagem de que "qualquer" um pode realizar o estupro obscurece que é um crime caracteristicamente praticado pelos homens contra as mulheres (de um gênero contra o outro) e um atentado à sua sexualidade, próprio de uma sociedade na qual existe hierarquia de gêneros. E que alguma responsabilidade das estruturas sociais existirá para explicar o fato "paradoxal" de que mulheres não estupram, e que a violência sexual, o assédio, o medo, formam parte do controle cotidiano ao qual "elas" se veem submetidas. Adicionalmente, o gênero neutro oculta que o que é ou não estupro segue-se construindo desde um ponto de vista masculino, pois sua definição implica a "penetração do órgão masculino" excluída qualquer outra relação sexual e só quando há uma vagina se entende cometido o crime.

Também o efeito simbólico das mudanças legais aparece questionável. De acordo ainda com Los (1990), a reforma não tem tido demasiada publicidade, razão pela qual se este era um meio de elevar consciências, estas permaneceram praticamente inalteradas. Em segundo lugar, tem sido tratada como uma questão altamente emocional, pelo que a reação dos homens tem se fortalecido, apresentando-se como falsos acusados por mulheres histéricas e desejosas. Ademais a intervenção do Direito Penal tem reafirmado a visão de que o estupro é um comportamento individual excepcional, devido a personalidades "enfermas", ignorando a violência sexual comum nas personalidades "normais". Finalmente, tem produzido uma sensação de vitória, com a consequente desmobilização dos grupos feministas.

3.6. Pontualizando o argumento: da eficácia invertida do sistema penal à duplicação da vitimização feminina

Diante do exposto, a crítica ao sistema penal admite dois níveis.

Num sentido fraco, o sistema penal é ineficaz para proteger as mulheres contra a violência porque, entre outros argumentos, não previne novas violências, não escuta os distintos interesses das vítimas, não contribui para a compreensão da própria violência sexual e gestão do conflito ou muito menos para a transformação das relações de gênero. Nesta crítica se sintetizam o que denomino de incapacidades preventiva e resolutória do sistema penal. Incapacidade de prevenção da violência sexual da qual o estupro, sendo o exemplo mais paradigmático, representa uma crise de grandes proporções. E incapacidade resolutória porque embora o sistema penal confira à vítima, via de regra, nos crimes sexuais, a titularidade da ação penal (art. 225 do Código Penal brasileiro), todo o processo expropria dela o direito do coparticipar na gestão do conflito. E, portanto, de compreendê-lo ou resolvê-lo.

Num sentido forte, o sistema penal duplica a vitimização feminina porque, além de vitimadas pela violência sexual as mulheres o são pela violência institucional que reproduz a violência estrutural das relações sociais patriarcais e de opressão sexista, sendo submetidas a julgamento e divididas. A passagem da vítima mulher ao longo do controle social formal acionado pelo sistema penal implica, nesta perspectiva, vivenciar toda uma cultura da discriminação, da humilhação e da estereotipia, pois, e este aspecto é fundamental, não há uma ruptura entre relações familiares (Pai, padrasto, marido), trabalhistas ou profissionais (chefe) e relações sociais em geral (vizinhos, amigos, estranhos, processos de comunicação social) que violentam e discriminam a mulher e o sistema penal que a protege contra este domínio e opressão, mas um *continuum* e uma interação entre o controle social informal exercido pelos primeiros e o controle formal exercido pelo segundo.Num sentido forte, pois o sistema penal expressa e reproduz, do ponto de vista da moral sexual, a grande linha divisória e discriminatória entre as mulheres tidas por honestas (cidadãs de primeira categoria), que merecem respeito e proteção social e jurídica, e as outras (cidadãs de segunda categoria), que a sociedade abandona na medida em que se afastam dos padrões de comportamentos estritos que o patriarcalismo impõe à mulher. De modo que só as primeiras poderão obter do sistema penal o reconhecimento de sua capacidade de vitimização.

O sistema penal não pode, pois, ser um referencial de coesão e unidade para as mulheres porque atua, ao contrário, como um fator de dispersão e uma estratégia seletiva à medida que as divide, recriando as desigualdades e preconceitos sociais. E não pode ser um aliado no fortalecimento da autonomia feminina porque prioriza o fortalecimento da unidade familiar e sucessória segundo o modelo da família patriarcal, monogâmica, heterossexual, destinada à procriação legítima, etc., modelo este regulamentado em minúcias pelo Código Civil brasileiro, ainda que hoje passando por profundas transformações. Em definitivo, pois, ao seguir a lógica da desigualdade, o sistema penal não pode ser visto como paradigma da igualdade nem, por isto mesmo, como paradigma da diferença, porque as diferenças que reconhece são diferenças "reguladoras" – assentadas no preconceito, na discriminação e na estereotipia –, e não diferenças "emancipatórias" – assentadas em subjetividades, necessidades e interesses femininos.

E como as lógicas da "seletividade" e da "honestidade" revelam-se como marcas estruturais do exercício do poder do sistema penal, a criminalização de novas condutas de cunho sexual, como o assédio, não parece ter como libertar-se delas. De modo que não apenas deve contar com o altíssimo custo que implica para as vítimas mas também com os outros, adicionais, advertidos pelas próprias criminólogas feministas (Larrauri, 1991, p. 220-1), como:

1) Sexismo machista. Pouca proteção real ou simbólica pode esperar-se de um sistema penal dominado por homens socializados na cultura patriarcal e impregnados de valores profundamente machistas. Mas ainda que se eliminasse formalmente o sexismo do sistema legal e inclusive se a metade de legisladores e juízes fosse mulheres,

o sistema legal não se transformaria, com isto, numa instituição não sexista;

2) Preço para o ofensor: reprodução da seletividade já que o impacto do sistema penal é altamente seletivo e injusto. Só a clientela que vive em simbiose com o sistema penal é reconhecida na autoria dos crimes sexuais, segundo os aludidos estereótipos;

3) Relegitimação da forma seletiva de operar do sistema. Por isso mesmo, representa evidente relegitimação de um sistema em aguda crise de legitimidade. Relegitima-se o sistema penal como uma forma de solucionar os conflitos sociais em detrimento de outros meios alternativos;

4) Desvio de esforços em busca de alternativas.

Quando não só não cabe esperar ajuda do sistema penal, senão que o recurso a ele pode desviar os esforços que iriam de outro modo dirigidos a soluções mais radicais e eficazes (suscitando falsas esperanças de mudança dentro de e por meio dele) e que poderiam favorecer uma maior autonomia e auto-organização das mulheres.

O discurso feminista da neocriminalização, louvável pelas boas intenções, encontra-se, nesta perspectiva, imerso na reprodução da mesma matriz (patriarcal) de que faz a crítica, num movimento circular, pois, em primeiro lugar, reproduz a dependência masculina na busca da autonomia e emancipação feminina. Ou seja, as mulheres buscam libertar-se da opressão masculina recorrendo à proteção de um sistema demonstradamente classista e sexista e creem encontrar nele o grande Pai capaz de reverter sua orfandade social e jurídica. O fulcro da questão parece residir, pois, no próprio sentido desta proteção. Até que ponto é um avanço para as lutas feministas a reprodução da imagem social da mulher como vítima, eternamente merecedora de proteção masculina, seja do homem ou do sistema penal? Ou, em outras palavras, de que adianta correr dos braços do homem (marido, chefe ou estranhos) para cair nos braços do sistema penal se nesta corrida do controle social informal ao controle formal reencontra a mesma resposta discriminatória em outra linguagem?

Em segundo lugar, ao reproduzir o discurso e as práticas da "luta contra" a violência sexual através do sistema penal, não raro associados a uma declaração de guerra contra o masculino (política separatista) a estratégia neocriminalizadora reproduz o alcance imperialista do sistema penal que, ao maximizar a conversão dos problemas sociais em problemas penais estendeu seu império sobre a sociedade como um polvo estende seus tentáculos sobre a areia. E, ao tentar abarcar, ao mais fino grão, o cotidiano da vida social, assumiu uma tarefa enormemente superior à sua intrínseca capacidade.

3.7. Da negatividade do Direito Penal à positividade dos Direitos

A crítica ao sistema penal aqui desenvolvida não pode contudo ser estendida, genericamente, ao paradigma jurídico moderno, pois há que se distinguir, primeiramente, entre sistema penal e Direito Penal e, a seguir, entre Direito Penal e Direitos.

É que o Direito Penal constitui, diferentemente dos demais campos do Direito (Constitucional, Civil, Trabalhista, do Consumidor, da Criança e da Adolescência, etc.) e ainda que oriundo de um paradigma comum, o campo, por excelência, da *negatividade, da repressividade*. Trata-se do campo da supressão duplicada de direitos, ou seja, que suprime direitos de alguém. Desde o patrimônio (multa) passando pela liberdade (prisão) até a vida (morte) em nome da supressão de direitos de outrem, que utiliza a violência institucional da pena em resposta à violência individual do crime.

Diferentemente, pois, dos demais ramos do Direito, é como sistema penal que o Direito Penal se operacionaliza. E isto significa que a polícia e o sistema penitenciário são gigantes de sua engenharia institucional que os demais ramos do Direito podem prescindir. E o que acabou por se fragilizar, na violência seletiva e arbitrária do sistema penal – da qual decorre sua contemporânea crise de legitimidade de legitimidade – foi o próprio poder garantidor do Direito Penal.

Os outros campos do Direito constituem, mal ou bem, um campo de *positividade,* onde o homem e a mulher podem, enquanto "sujeitos" reivindicar, positivamente, direitos.

3.8. O paraíso não passa pelo sistema penal: pela mudança do paradigma jurídico imperial e masculino

O fulcro da discussão parece residir, neste sentido, na crise da legitimidade que afeta o sistema penal e o próprio paradigma jurídico moderno, seus limites e possibilidades, e na busca de novos paradigmas para além do "mito do paraíso" com o qual finalizo, metaforicamente, este discurso.

É que o tema e os problemas que estamos aqui a discutir parecem remontar, de fato e incessantemente, ao mito de "Adão e Eva" que nos furtou o Paraíso. E nossas sociedades eternizaram esta perda reivindicando incessantemente a necessidade de recuperar o Paraíso através das instituições nas quais ele é simbolizado. O sistema penal é, na travessia da modernidade, uma das Instituições mas quais a Sociedade sonha o resgate de algumas promessas do paraíso perdido e dele parece não poder prescindir, ainda que tenha demonstrado sua virtual incapacidade de cumpri-las. As mulheres (nós?) continuam caindo na (sedutora?) tentação do sistema penal como Eva caiu na sedutora tentação do paraíso. E neste sentido continuamos pecadoras. O sistema promete, mas o paraíso não passa pela sua mediação. Nenhuma conquista, nenhuma libertação, nenhum caminho para o paraíso pode simbolizar o sistema penal e realizar-se *através dele*. Penso que é apenas matando o mito e reinventando o paradigma jurídico, imperial e masculino, que podemos buscar uma simetria para a "balança" jurídica já milenar e assimetricamente interposta entre Adão e Eva desarmando, quiçá, por caminhos mais criativos "o sexo como arma e o corpo como alvo" da violência.

4. Sistema penal e cidadania feminina: da mulher como vítima à mulher como sujeito de construção da cidadania[74]

4.1. Introdução

Vou abordar um tema central da agenda feminista: violência contra a mulher e criminalização ou controle desta violência pelo sistema penal (controle penal).

Sendo o universo da violência um universo de dor, enfrentá-lo como objeto teórico e de reflexão implica, necessariamente, um esforço de suspensão da dor – e do próprio discurso passional – o que pode tornar nosso discurso aparentemente muito acadêmico, muito árido, quando não cético. Mas colocar a dor em suspenso não implica, em momento algum, perdê-la de vista ou divorciar-se dela, porque é a indignação pela dor e o propósito de superá-la, no processo de luta, que motiva meu discurso e militância acadêmica na tentativa de resgatar, para o problema, a voz do conhecimento emancipatório. O instrumental teórico e empírico, portanto, em que embaso a argumentação, é o proveniente da Criminologia desenvolvida com base no paradigma da reação social e, mais especificamente a Criminologia crítica e a Criminologia feminista.

---

[74] Este texto foi originariamente escrito como palestra, proferida na Conferência Internacional Criminologia e Feminismo, promovido pela Themis – Assessoria Jurídica e Estudos de Gênero –, em Porto Alegre, RS, em 21 de outubro de 1996. Foi posteriormente reelaborado para palestra na Ordem dos Advogados do Brasil, em Florianópolis, em 9 de março de 1998, relativa à solenidade de posse da diretoria da Associação Brasileira de Mulheres da Carreira Jurídica (ABMCJ) e evento comemorativo do Dia Internacional da Mulher. Foi publicado, com pequenas alterações internas, sob o título "Violência contra a mulher e controle penal". *Revista da Faculdade de Direito da UFSC*. Porto Alegre, n. 1. p. 207-217, 1998; sob o título "Criminologia e feminismo: da mulher como vítima à mulher como sujeito de construção da cidadania". *Seqüência*, Florianópolis, n. 35, p. 42-49, dez. 1997 e In: CAMPOS, Carmen Hein de. *Criminologia e feminismo*. Porto Alegre: Sulina, 1999, p. 105-117.

4.2. Inserção do feminismo no âmbito da política criminal

Fundamental, pois, para abordar o tema, iniciar demarcando o território: ou seja, indagando como o feminismo brasileiro se insere no quadro da política criminal contemporânea, especialmente na atual conjuntura de reforma do Código Penal brasileiro. Advertência prévia é que, como veremos, a referência ao movimento de mulheres ou feminista não significa afirmar que ele seja monolítico, porque naturalmente não fala uma só voz.

O feminismo brasileiro se insere num processo de dupla via e, portanto, ambíguo. Por um lado, demanda a necessidade de uma ampla revisão dos tipos penais existentes, defendendo a descriminalização de condutas hoje tipificadas como crimes (aborto, posse sexual mediante fraude, sedução, casa de prostituição e adultério, entre outras), e a redefinição de alguns crimes, especialmente o estupro, propondo o deslocamento do bem jurídico protegido (que o estupro seja deslocado de "crime contra os costumes" como o é hoje para "crime contra a pessoa") com vistas a excluir seu caráter sexista. Por outro lado, demanda o agravamento de penas no caso de assassinato de mulheres e a criminalização de condutas até então não criminalizadas, particularmente a violência doméstica e o assédio sexual.[75]

O assédio sexual, após intenso assédio parlamentar[76] feminino, foi finalmente criminalizado através da Lei nº 10.224 de 15 de maio

---

[75] Dentre os inúmeros projetos de lei neste sentido em tramitação no Congresso Nacional à época desta pesquisa citem-se: Projetos de Lei nº 1.674, de 1996; Projeto de Lei nº 1.807, de 1996 (Deputado Sérgio Carneiro); Projeto de Lei nº 4.104-A, de 1993; Projeto de Lei nº 4.391, de 1994 (Comissão Parlamentar de Inquérito destinada a investigar a violência contra a mulher); Projeto de Lei nº 1.374-A, de 1991; Projeto de Lei nº 59, de 1995 (Deputada Rita Camata); Projeto de Lei nº 1.609, de 1996; Projeto de Lei nº 769, de 1995 (Deputada Vanessa Felipe); os projetos criminalizadores relativos à violência familiar (Projetos de Lei nºˢ 244 e 132, de 1995, de autoria das Deputadas Maria Laura e Marta Suplicy). No Direito do Trabalho, cite-se o Projeto de Lei 2.493, de 1996 (de autoria da Deputada Marta Suplicy), que altera os arts. 482, 483 e 468 da CLT.

[76] Tive a oportunidade de participar, em maio de 1997, em Brasília-DF, de uma "mesa redonda sobre assédio sexual e violência doméstica", evento promovido pelo Cfêmea/OAB-DF, cujo objetivo central era discutir a elaboração do próprio tipo penal de assédio sexual. Na ocasião, e contrariamente ao próprio objetivo do encontro, manifestei-me contra a criminalização pretendida, sob a argumentação que desenvolvo neste e no capítulo anterior e que foi, à época, publicada no Boletim do Fêmea (*Da domesticação da violência doméstica: politizando o espaço privado com a positividade constitucional*. Fêmea. Brasília, ano VI – especial, jan. 1998, p. 10-11) e na *Revista Discursos Sediciosos* (Crime, Direito e Sociedade. Rio de Janeiro, n. 4, 2º sem., 1997, p. 99-102). E porque estou longe de esgotar o acervo de objeções possíveis ao "crime" consumado, em 15 de maio de 2002, remeto sua continuidade para um espaço próprio, sem antes reafirmar que quem perde com o "crime" de assédio sexual não são apenas os "homens", certamente os "algozes" preferenciais que a emancipada imaginação feminina teve em vista; quem perde é a própria maturidade das relações humanas, particularmente sexo-gênero. No histórico criminalizador do assédio sexual, figuram os seguintes Projetos: Projeto de Lei nº 242, de 1995, de autoria da Deputada Raquel Capiberibe; Projeto de Lei nº 235, de 1995, de au-

de 2001, como curioso anexo do art. 216 do Código Penal. Sob a forma ímpar (do ponto de vista da técnica-legislativa) de "Art. 216-A", passa a ser crime "constranger alguém com o intuito de obter vantagem ou favorecimento sexual, prevalecendo-se o agente da sua condição de superior hierárquico ou ascendência inerentes ao exercício de emprego, cargo ou função. Pena-detenção, de 1 (um) a 2 (dois) anos".

4.3. O condicionamento histórico: desocultando a violência e politizando o espaço privado

Limitando-me aqui à demanda criminalizadora, indago: por que criminalizar? Quais os condicionamentos que estão na base desta demanda?

Vejo, nesta demanda (o que vale para a dupla via) um duplo condicionamento: um condicionamento de ordem histórica e um condicionamento de ordem teórica.[77] Limitando-me a focalizar o primeiro, entendo que o condicionamento histórico foi o processo de desocultação da violência contra a mulher e de politização do espaço privado (doméstico) levado a cabo pelas lutas feministas reaparecidas no Brasil em meados dos anos 70. Diz respeito à demarcação do território em que se move o feminismo brasileiro pós-70.

Com efeito, embora não tenha tido, por motivos conjunturais de saída da ditadura militar, a radicalidade dos movimentos europeus e norte-americanos, foi o feminismo que desvelou múltiplas formas de violência contra a mulher, captando-a em toda sua extensão (sentido amplo): desde a violência simbólica cotidiana, das microdiscriminações até a macroviolência física, mutiladora, monumental. Denunciando, trazendo a público e, portanto, publicizando e politizando lágrimas e sangue que rolavam silenciosos no vasto espaço privado da dor feminina, mulheres de todas as idades, etnias e *status* social deflagaram um processo que está em curso, com consequências ainda inimagináveis.

---

toria da Deputada Benedita da Silva e o Projeto de Lei nº 143, de 1995, de autoria da Deputada Marta Suplicy.

[77] O condicionamento teórico consiste em que há no Brasil um profundo déficit de diálogo e interação entre o saber produzido na academia, em sentido lato (particularmente os novos paradigmas jurídicos, criminológicos e político-criminais) e a militância feminista, assim como um déficit da própria produção teórica feminista. Este déficit de uma sólida base teórica e empírica orientando o movimento tem, a meu ver, repercussões do ponto de vista político-criminal, pois inexiste clareza a respeito da existência e especificidade de uma política criminal feminista no Brasil, que tem se exteriorizado, na prática, com um perfil reativo e voluntarista, como mecanismo de defesa a uma violência historicamente detectada.

Foi o feminismo que denunciou, que além das formas mais conhecidas de discriminação de gênero no âmbito do trabalho (como concentração de mulheres em função semi ou não qualificadas, guetos profissionais, dificuldades de acesso à promoção, controle do uso do banheiro, etc.) as trabalhadoras brasileiras sofrem uma particular violência que atinge o seu corpo e os seus direitos reprodutivos, ao serem obrigadas, por muitos empregadores, a apresentar, no ato da seleção ou admissão a um cargo, um exame de laboratório que prove que não estão grávidas, ou um atestado médico que confirme a sua esterilização, e assim por diante.

Foi o feminismo que tornou visível, enfim, uma das dimensões da opressão feminina que atinge proporções alarmantes no país, a saber, as diversas formas de violência sexual.

De fundamental importância nesse contexto foi a criação, em 1984, das Delegacias de Mulheres, para receber queixas específicas de violência de gênero, pois elas passaram a concorrer de forma decisiva (juntamente com as pesquisas empíricas que potencializaram) para construir o retrato da violência, particularmente dos maus-tratos e da violência sexual.

Paulatinamente foi se descobrindo que os maus-tratos e a violência sexual ocorrem com muito mais frequência do que se imaginava, que cada homem pode ser um agressor, que cada mulher pode ser a vítima, e que a vítima e o ofensor muito frequentemente se conhecem. Trata-se de violências praticadas por estranhos, na rua, sim. Mas sobretudo, e majoritariamente, nas relações de parentesco (por pais, padrastos, maridos, primos), profissionais (pelos chefes) e de conhecimento em geral (amigos). Ocorrem, portanto, na rua, no lar e no trabalho, contra crianças, adolescentes, adultas e velhas, tendo sido denunciadas contra vítimas desde poucos meses de idade até sexa ou octogenárias e praticadas por homens que nada têm de tarados, desviados sexuais ou "anormais", mas um vínculo forte com a vítima.

A revelação dos espaços e relações em que ocorre e de que a incidência majoritária da violência ocorre no espaço familiar permite por sua vez interpretar que isto sucede porque, historicamente, na sociedade patriarcal, a família tem sido um dos lugares nobres, embora não exclusivo (porque acompanhada da Escola, da Igreja, da vizinhança, etc.) do controle social informal sobre a mulher. E a violência contra a fêmea no lar, do pai ao padrasto, chegando aos maridos ou companheiros, pode ser vista, portanto, (contrariamente à ideologia do agressor como expressão de uma aberração sexual), como uma expressão de poder e domínio; como uma violência *controladora*.

A desocultação feminista da violência, ao ir revelando uma enorme margem da vitimização feminina que permanecia oculta, foi decisiva para que determinados problemas, até então considerados privados (como as violências referidas) se convertessem em problemas públicos (devendo merecer a atenção do Estado), ou seja, políticos, e tendessem a se converter, a seguir, em problemas penais (crimes), mediante forte demanda feminista criminalizadora.

Este condicionamento histórico conduziu, portanto, o movimento feminista não apenas a inscrever o problema da violência contra as mulheres e da impunidade masculina com um dos pontos centrais da agenda feminista (tema posteriormente incorporado e até cooptado pelos partidos políticos) como a eleger o controle penal como o mecanismo prioritário para respondê-lo. Entre a luta feminista no Brasil e a demanda criminalizadora a que estou me referindo, existe, pois, um processo que venho denominando de "publicização-penalização do privado". Não necessariamente teria que ser assim, mas assim o foi; assim o tem sido.

4.4. O sentido do feminismo

Retomando aqui o caráter não monolítico do feminismo, a que já aludi, há uma distinção importante a ser levada em consideração, entre "as" mulheres, em sua infinita singularidade e heterogeneidade (cada mulher uma voz) e o feminismo, enquanto movimento que fala em nome delas ou expressa suas demandas, e que só pode ser designado no singular ("o") por convenção, porque não fala, ele próprio, uma só voz. Estamos, portanto, perante uma imensa heterogeneidade de enunciações. Assim como são múltiplas as formas, físicas ou simbólicas, de violência contra as mulheres, também são multiplicadas as formas pelas quais desejariam respondê-la. Umas gostariam de afastar seus parceiros dos lares; outras, de finalizar o conflito e viver pacificamente sob o mesmo teto; outras desejariam agredi-los, abandoná-los, ou, enfim, vê-los atrás das grades.

Quando "o" movimento responde à questão "como domesticar a violência?" com a referida demanda pela punição do homem que violenta (domesticação do homem pelo sistema penal) ou pela repressão masculina desta violência está subjacentemente a postular o deslocamento da gestão da violência do espaço tradicionalmente definido como privado (a domesticidade familiar) para o espaço definido como público (e estatal); o deslocamento do controle informal materializado na família para o controle social formal materializado no sistema penal (Lei-Polícia-Ministério Público-Justiça-Sistema Penitenciário). E está a privilegiar, dentre outras tantas, uma política *criminal* de resposta aos problemas de gênero.

Se o campo em que a demanda ancora é, portanto, o do controle penal desta forma específica de violência, a questão fundamental que se coloca é: é possível domesticá-la penalmente? Vou desenvolver e tentar fundamentar aqui a hipótese negativa.

4.5. Pressupostos silenciados sob a demanda criminalizadora

A demanda criminalizadora feminista parece comandada, a nosso ver, pois dois grandes, ainda que silenciados, pressupostos: a) uma visão vitimadora da mulher violentada e b) uma visão protecionista do sistema penal, ambas, idealizadas.

A visão vitimadora invoca a mulher como sujeito passivo, ou seja, como *objeto* da violência. A própria consagração da expressão "violência *contra* a mulher" pelo(s) discurso(s) feminista(s), é a expressão mais contundente do que se afirma. Como o é, o silêncio em torno à "violência *contra* o homem", pois, situado no polo ativo da violência, não há que se falar em vitimização masculina.

A visão protecionista do sistema penal invoca, a sua vez, a existência de um sistema social patriarcal perverso que vitimiza a mulher e um sistema penal que a protegeria contra este domínio e opressão. Independentemente da perversão de ambos os sistemas, o certo é que esta cisão inexiste, como veremos.

Mas permanece, contudo, difusa, no interior do próprio movimento, a resposta sobre o sentido desta proteção. Indaga-se: o que as mulheres buscam através do sistema penal, o que esperam dele com a criminalização?[78]

O que parece restar dessa pergunta é uma resposta eminentemente retributiva. O que se busca é o castigo, porque a grande musa dessa discussão parece que é o tema da impunidade. Parece que se trata de punir esta violência. Quando na Europa dos anos 80, a base dos movimentos criminalizadores foi a chamada "dimensão simbólica" do Direito Penal, no Brasil dos anos 80, parece que tal base é a punição. O que conduz, a meu ver, a uma situação paradoxal. Essa

---

[78] E, particularmente, sobre que justificativa convivem as tendências criminalizadoras e descriminalizadoras, associadas à tentativa de neutralização de delitos do gênero, como o estupro? Em função de que lógica se descriminalizam o aborto e o adultério e se criminalizam a violência doméstica e o assédio sexual, por exemplo?

demanda pelo sistema acaba por reunir o movimento de mulheres, que é um dos movimentos mais progressistas do país, com um dos movimentos mais conservadores e reacionários, que é movimento de "Lei e ordem". Ambos acabam paradoxalmente unidos por um elo, que é mais repressão, mais castigo, mais punição e, com isso, fortalecem as fileiras da panaceia geral que vivemos hoje em matéria de política criminal.

4.6. Problematizando os pressupostos

Fundamental, pois, problematizar ambos os pressupostos sobre os quais aparece latentemente fundada a demanda criminalizadora: o significado da violência e o significado da proteção penal.

4.6.1. O significado da violência

Com apoio na mais consistente literatura crítica sobre a violência e o sistema penal, reconhecer que vivemos numa sociedade com valores patriarcais na qual os homens usam da violência para controlar as mulheres e submetê-las à sua dominação, não implica reessencializar a violência (é sempre masculina), pois ela pode ser, e frequentemente o é, um jogo relacional. A condição de subalternidade de que compartilham não deve obscurecer que as mulheres agem, condenam, exigem e, não raro, agridem, nos relacionamentos familiares. Decodificar tais comportamentos como reação ou reprodução pode redundar numa eficácia invertida; ou seja, antes que contribuir para uma transformação, manter a estrutura básica que condiciona a violência. Nesta esteira, não se pode excluir o polo da mulher para compreender a violência (particularmente a violência doméstica) que aparece como o resultado de complexas relações afetivo-emocionais, não circunscritas ao âmbito da heterossexualidade. É que casamentos homossexuais têm revelado o mesmo problema. (Gregori, 1993; Grossi, 1996; Xavier, 1996)

4.6.2. O significado da proteção penal[79]

Em segundo lugar, redimensionar um problema e reconstruir um problema privado como um problema público ou social, não

---

[79] O leitor encontrará doravante argumentação já desenvolvida no capítulo anterior, mas julgada oportuna reiterar aqui, com novos elementos que a especificidade deste capítulo requer.

significa que o melhor meio de responder a ele seja convertê-lo, quase que automaticamente, em um problema penal, ou seja, em um crime. Ao contrário, a conversão de um problema privado em um problema social, e deste em um problema penal, é uma trajetória de alto risco, pois, como vimos afirmando, regra geral equivale a duplicá-lo, ou seja, submetê-lo a um processo que desencadeia mais problemas e conflitos do que aqueles a que se propõe resolver, porque o sistema penal também transforma os problemas com que se defronta, no seu específico microcosmos de violência e poder.

Quero falar, então, da ineficácia e dos riscos dessa forma de luta pela construção da cidadania feminina no Brasil. E não podemos fazer mais, aqui, do que expor uma hipótese, que é a hipótese central da pesquisa que desenvolvi, sob o patrocínio do CNPq, intitulada "Sistema da Justiça Penal e violência sexual contra as mulheres: análise de julgamento de crimes sexuais em Florianópolis, na década de oitenta".

Esta pesquisa parte da análise teórica e empírica do funcionamento do sistema da Justiça Penal relativamente à violência sexual contra a mulher para sustentar e concluir o seguinte: o sistema penal (salvo situações contingentes e excepcionais) não apenas é um meio ineficaz para a proteção das mulheres contra a violência (particularmente da violência sexual, que é o tema da investigação), como também duplica a violência exercida contra elas e as divide, sendo uma estratégia excludente que afeta a própria unidade do movimento. Isto porque se trata de um subsistema de controle social, seletivo e desigual, tanto de homens como de mulheres e porque é, ele próprio, um sistema de violência institucional, que exerce seu poder e seu impacto também sobre as vítimas. E, ao incidir sobre a vítima mulher a sua complexa fenomenologia de controle social (Lei, Polícia, Ministério Público, Justiça, prisão) que representa, por sua vez, a culminação de um processo de controle que certamente inicia na família, o sistema penal duplica, ao invés de proteger, a vitimização feminina, pois, além da violência sexual representada por diversas condutas masculinas (como estupro, atentados violentos ao pudor, assédio, etc.), a mulher torna-se vítima da violência institucional plurifacetada do sistema, que expressa e reproduz, por sua vez, dois grandes tipos de violência estrutural da sociedade: a violência estrutural das relações sociais capitalistas (que é a desigualdade de classes) e a violência das relações patriarcais (traduzidas na desigualdade de gênero), recriando os estereótipos inerentes a estas duas formas de desigualdade, o que é particularmente visível no campo da moral sexual.

Mais especificamente ainda, a hipótese com que trabalho é a de que: 1º) num sentido fraco, o sistema penal é ineficaz para proteger as mulheres contra a violência porque, entre outros argumentos, não previne novas violências, não escuta os distintos interesses das vítimas, não contribui para a compreensão da própria violência sexual e a gestão do conflito e, muito menos, para a transformação das relações de gênero. Nesta crítica se sintetiza o que vimos denominando de incapacidades preventiva e resolutória do sistema penal. 2º) num sentido forte, o sistema penal duplica a vitimização feminina porque as mulheres são submetidas a julgamento e divididas. O sistema penal não julga igualitariamente pessoas, ele seleciona diferencialmente autores e vítimas, de acordo com sua reputação pessoal. No caso das mulheres, de acordo com sua reputação sexual, estabelecendo uma grande linha divisória entre as mulheres consideradas "honestas" (do ponto de vista da moral sexual dominante), que podem ser consideradas vítimas pelo sistema, e as mulheres "desonestas" (das quais a prostituta é o modelo radicalizado), que o sistema abandona à medida que não se adequam aos padrões de moralidade sexual impostas pelo patriarcalismo à mulher. A passagem da vítima mulher ao longo do controle social formal acionado pelo sistema penal implica, nesta perspectiva, vivenciar toda uma cultura da discriminação, da humilhação e da estereotipia, pois, e este aspecto é fundamental, não há uma ruptura entre relações familiares (pai, padrasto, marido), trabalhistas ou profissionais (chefe) e relações sociais em geral (vizinhos, amigos, estranhos, processos de comunicação social) que violentam e discriminam a mulher e o sistema penal que a protege contra este domínio e opressão, mas um *continuum* e uma interação entre o controle social informal exercido pelos primeiros e o controle formal exercido pelo segundo.

O sistema penal não apenas é estruturalmente incapaz de oferecer alguma proteção à mulher, como a única resposta que está capacitado a acionar – o castigo – é desigualmente distribuído e não cumpre as funções intimidatória e simbólica que se lhe atribui. Em suma, tentar a domesticação da violência com a repressão implica exercer, sobre um controle masculino violento de condutas, um controle estatal tão ou mais violento; implica uma duplicação do controle, da dor e da violência inútil.

Consequentemente, a criminalização de novas condutas sexuais só ilusoriamente representa um avanço do movimento feminista no Brasil, ou que se esteja defendendo melhor os interesses da mulher, ou a construção da sua cidadania, pois no confronto demandas feministas x resposta penal, mediado pelo significado da violência, não parece haver relação emancipatória possível.

Também é importante aduzir que a própria experiência em nível internacional sobre as reformas penais criminalizantes produzidas pelo feminismo (a exemplo das reformas espanhola e canadense) tiveram resultados altamente frustrantes para as mulheres, se confrontados com suas expectativas originárias. Por último, ao relegitimar-se o sistema penal como uma forma de resolver os problemas de gênero, produz-se um desvio de esforços do feminismo que iria, de outro modo, dirigido a soluções mais criativas, radicais e eficazes, suscitando falsas esperanças de mudança por "dentro" e "através" do sistema.

Em suma, enquanto segmentos majoritários do movimento feminista insistem na demanda repressiva, como resposta à violência contra a mulher, o sistema penal responde como? Transitando da violência institucional, da sua violência seletiva e da impunidade à trivialização dos conflitos femininos. Enquanto se dá esse processo, o que subsiste ao final é o que chamaria de uma "Vitimologia pragmática" que não tem tido eficácia frente ao problema básico que enfim subsiste e que é o problema com o qual todos nós nos preocupamos.

4.7. Da mulher como vítima à mulher como sujeito de construção da cidadania

O discurso feminista criminalizador, louvável pelas boas intenções e pelo substrato histórico, parece encontrar-se, nessa perspectiva, imerso na reprodução da mesma matriz patriarcal de que faz a crítica, num movimento extraordinariamente circular, pois, em primeiro lugar, reproduz a dependência masculina na busca da autonomia e emancipação feminina, ou seja, segmentos do movimento feminista buscam libertar-se da opressão masculina (traduzida em diferentes formas de violência) recorrendo à proteção de um sistema demonstradamente classista e sexista e creem encontrar nele o grande pai capaz de reverter sua orfandade social e jurídica.

O fulcro da questão parece residir, pois, no próprio sentido dessa proteção. Resta questionar, nesta esteira, a validade já não da criminalização masculina, mas da própria *vitimização* feminina como espaço de luta; até que ponto é um avanço para as lutas feministas a reprodução da imagem social da mulher como vítima, eternamente merecedora de proteção masculina, seja do homem ou do Estado? É óbvio que nós somos vitimadas, mas até que ponto é produtivo, é progressista para o movimento, a reprodução social dessa imagem da mulher como vítima recorrendo ao sistema penal? ou, em outras palavras, de que adianta correr dos braços violentos do homem (seja marido, chefe ou estranhos) para cair nos braços do Estado, institucionalizado no sistema penal, se nesta corrida do controle social informal ao controle formal, as fêmeas reencontram a mesma resposta discriminatória em outra linguagem?

E resta questionar, enfim, a razão pela qual as mulheres, tendo conquistado, ao longo dos anos 80, uma significativa cidadania constitucional "de papel", enquanto *sujeitos*, concentram hoje, na década de 90, suas energias emancipatórias no campo da repressividade.

Com efeito, a Constituição Federal brasileira de 1988 é uma expressão desta conquista, produto das lutas feministas e nela encontra-se positivado, entre outras importantes conquistas, a do artigo 226, que lemos *in verbis:*

Art. 226: A família, base da sociedade, tem especial proteção do Estado.
(...)
§ 8º: O Estado assegurará a assistência familiar na pessoa de cada um dos que a integram, criando mecanismos para coibir a violência no âmbito de suas relações.

Se o Estado se compromete, juridicamente, a estar presente na hora de proteger a família e a cumprir uma função preventiva da própria violência doméstica, porque se abandona este espaço de luta – forjando mecanismos para o cumprimento das promessas estatais – e se reivindica a presença repressiva do Estado, ou seja, na hora de punir?

Mas, ainda que o movimento feminista não deseje renunciar ao retribucionismo e ao impacto, pretensamente positivo da punição, não é demasiado lembrar que o Direito Civil e o Direito do Trabalho contemplam sanções de caráter indenizatório, de ordem financeira e moral que, mal ou bem, podem redundar em alguma resposta mais positiva para as mulheres. Há que se diferenciar, portanto, um espaço de luta jurídica centrado no Direito Penal e nos outros ramos do Direito.

É que o Direito Penal constitui, diferentemente dos demais campos do Direito (Constitucional, Civil, Trabalhista, do Consumidor, da Criança e da Adolescência, etc.) e ainda que oriundo de um paradigma comum, o campo, por excelência, da *negatividade, da repressividade.* Trata-se do campo da supressão duplicada de direitos, ou seja, que suprime direitos de alguém. Desde o patrimônio (multa) passando pela liberdade (prisão) até a vida (morte) em nome da supressão de direitos de outrem, que utiliza a violência institucional da pena em resposta à violência das condutas definidas como crime. Os outros campos do Direito constituem, mal ou bem, um campo de *positividade*, onde o homem e a mulher podem, enquanto "sujeitos", reivindicar, positivamente, direitos.

Com a alusão a esta especificidade, quero reafirmar o argumento. Considerando que a luta feminista tem passado necessariamente pelo Direito, e a Constituição brasileira de 1988 é uma prova inequívoca disto, o campo penal é, de todas as arenas jurídicas, a mais violenta, a mais onerosa, a menos adequada para a luta e potencializadora de conquistas.

Nesta esteira, considero que a arena jurídica mais apropriada para a luta é a do Direito Constitucional porque, diferentemente do Direito Penal, que constitui o campo, por excelência, da *negatividade, da repressividade* e que tem (re)colocado as mulheres na condição de *vítimas*; o Direito Constitucional constitui um campo de *positividade*, com o potencial recolocá-las na condição de sujeitos. Por sua vez, a um excesso de concentração de energias feministas no campo da negatividade corresponde um profundo déficit de lutas e resultados no campo da positividade.

Trata-se, portanto, de deslocar o leme da luta jurídica e de ressaltar a importância da construção de um espaço público politizado pelas mulheres como *sujeitos* pela via da *positividade* dos Direitos, particularmente do Direito Constitucional (recoberto e sustentado, obviamente, pelo plano das Declarações internacionais dos direitos da mulher) e conduzente a uma *construção positiva* (e não defensiva) *da cidadania*. E enfrentar-se como sujeito implica, preliminarmente, se autopsicanalizar e decodificar os signos de uma violência relacional, questionando nossa autoimagem de mulheres sempre violentadas, para construir *por dentro* dos universos feminino/masculino e do cotidiano da sua conflituosidade, o cotidiano da emancipação.

5. Sistema penal e cidadania no campo: a construção social dos conflitos agrários como criminalidade[80]

5.1. Introdução

Procurarei desenvolver aqui o argumento que segue. Encontra-se em curso, na sociedade brasileira contemporânea, um processo de construção social dos conflitos agrários (sintomáticos da macroestrutura da desigualdade) como conflitos criminais (criminalidade), com a consequente responsabilização penal (individual) dos "invasores" de terra e a concorrente responsabilização do Movimento dos Trabalhadores Rurais Sem-Terra (MST), visto como o mentor intelectual de uma ação criminosa que avulta a "Lei e a Ordem" no País. Inversamente, é no polo da vitimização que as instituições estatais e os proprietários de terra são recolocados.

Embora, pois, seja o mecanismo menos adequado, verifica-se, de fato, a colonização do problema agrário pelo controle penal, que aparece com absoluta centralidade e hegemonia sobre outros mecanismos interpretativos e resolutórios (porque controle penal em vez de reforma agrária?); o que só se explica mediante uma justificativa reguladora e conservadora do *status quo*.

As consequências mais significativas são, em primeiro lugar, a descontextualização e despolitização destes conflitos com o consequente esvaziamento de sua historicidade e imunização da violência[81]

---

[80] Esse texto foi publicado sob o título "A construção social dos conflitos agrários como criminalidade". In: VARELLA, Marcelo Dias. (org.). *Revoluções no campo jurídico*. São Paulo, Cortesia, 1998; In: SANTOS, Rogério Dutra dos. *Introdução crítica ao estudo do sistema penal*: elementos para a compreensão da atividade repressiva do Estado. Florianópolis: Diploma Legal, 1999.

[81] Considerando uma fenomenologia global da violência, esta é aqui compreendida como repressão de necessidades reais e, portanto, violação ou suspensão de direitos humanos, entendendo-se por necessidades reais "as potencialidades de existência e qualidade de vida das pessoas, dos grupos e dos povos que correspondem a um determinado grau de desenvolvimento da capacidade de produção material e cultural numa formação econômico-social". BARATTA (1993, p. 46).

estrutural e institucional, pela sua existência. De outra parte, ao encerrar a complexidade destes conflitos (que estavam em estágio de latência controlada) no código crime-pena e ir construindo, seletivamente, uma criminalidade patrimonial rural (analogamente à construção histórica seletiva da criminalidade patrimonial urbana) este processo provoca a duplicação da violência contra os "invasores criminalizados", revelando a profunda conexão funcional entre o controle penal e a estrutura social. Há uma dolorosa analogia entre os processos de exclusão na rua e no campo; entre os sem-teto e os sem-terra e, sem dúvida, a hegemonia do controle penal representa um forte obstáculo democrático à construção da cidadania dos excluídos no campo. No universo da "política como espetáculo" em que esta construção se insere, são indubitavelmente os holofotes da mídia (falada e escrita) que, em simbiose com o sistema penal, vêm desempenhando uma função ideológica fundamental. O discurso dominante sobre a violência no meio rural é, portanto, socialmente construído em interação com o poder da mídia falada e escrita, sobretudo televisiva (jornais de grande audiência e circulação nacional e local, além de programas políticos, etc.), cujas imagens e opinião publicadas têm, como se sabe, significativo poder sobre a formação da opinião pública.

5.2. A construção social da criminalidade pelo sistema penal

A tese da construção social da criminalidade, que aqui estou a utilizar como referencial de análise, parte dos conceitos de "conduta desviada" e "reação ou controle social", como termos reciprocamente independentes, para sustentar que o desvio e a criminalidade não são uma qualidade intrínseca da conduta ou uma entidade ontológica preconstituída aos controles social e penal, mas uma qualidade (etiqueta) atribuída a determinados sujeitos através dos processos de interação social, ou seja, através dos processos de definição e seleção realizados pelo sistema penal em interação com o controle social informal. Uma conduta não é criminal "em si" ou intrinsecamente criminosa (embora possa ser considerada intrínseca ou socialmente negativa) nem seu autor um criminoso por concretos traços de sua personalidade ou influência de seu meio ambiente como sustenta até hoje o paradigma etiológico de Criminologia enraizado, diga-se, no senso comum. Não existe uma criminalidade *a priori*, cuja existência seja ontológica, anterior e independente da intervenção do sistema penal, que reagiria contra ela, visando combatê-la e gerar segurança na sociedade.

Mas é a própria intervenção do sistema (autêntico exercício de poder, controle e domínio) que, ao reagir, constrói, coconstitui o universo da criminalidade (daí processo de criminalização) mediante: a) a definição legal de crimes pelo Legislativo, que atribui à conduta o caráter criminal, definindo-a (e, com ela, o bem jurídico a ser protegido) e apenando-a qualitativa e quantitativamente; b) a seleção das pessoas que serão etiquetadas, num *continuum* pela Polícia-Ministério Público e Justiça; e c) estigmatizadas (especialmente na prisão) como criminosos entre todos aqueles que praticam tais condutas.

O sistema penal é, portanto, constitutivo da própria construção social da criminalidade, que se revela como uma realidade socialmente construída através do processo de criminalização seletivo por ele acionado. Assim sendo, mais apropriado que falar de criminalidade e criminosos é falar de criminalização e criminalizados.

Pois bem, os conceitos de sujeito e responsabilidade são conceitos-chave para a compreensão de como o sistema penal constrói (legal, dogmática e ideologicamente) o conceito e o universo da criminalidade. Considerando os indivíduos numa visão atomizada, isto é, como variáveis independentes e não dependentes das situações, e a responsabilidade penal, por via de consequência, como responsabilidade individual, baseada no livre-arbítrio, o sistema penal constrói um conceito de criminalidade ou violência criminal essencialmente vinculado à violência individual (esta concebida com potencialidade para delinquir).

Desta forma, a violência de grupo e institucional são consideradas apenas em relação a ações de pessoas individuais, e não no contexto do conflito social que elas expressam. A violência estrutural e, em sua maior parte, a violência internacional, é excluída do horizonte do conceito de crime, ficando assim imunizada a relação entre a criminalidade e estas formas de violência. Daí resulta que os sujeitos e os comportamentos a controlar são "os criminosos" e os "crimes"; as técnicas de respostas são a "pena" e a "política criminal". Caracteristicamente, portanto, o controle penal: a) intervém sobre os efeitos e não sobre os condicionamentos da violência criminal; ou seja, sobre os comportamentos expressivos dos conflitos, e não sobre os próprios conflitos; b) intervém sobre pessoas, e não sobre situações e c) intervém reativa, e não preventivamente; ou seja, reprime os conflitos em vez de preveni-los e interferindo após a sua consumação não pode impedi-los, muito menos solucioná-los. Daí resulta a descontextualização e despolitização dos conflitos nesta ótica construídos. Mas não apenas a forma como o sistema constrói o conceito é parcial, quanto sua intervenção do sobre o limitado âmbito da violência "construído" através do conceito de criminalidade é estruturalmente seletivo. E esta é uma característica de todos os sistemas penais vigentes. (Baratta, 1993, p. 48-9)

Aquele reducionismo conceitual reaparece, portanto, como funcional à seletividade, que é a lógica estrutural de funcionamento do sistema penal nas sociedades capitalistas centrais e periféricas, senão vejamos.

Com efeito, sabe-se hoje que desde o ponto de vista das definições legais, a criminalidade se manifesta como o comportamento da maioria das pessoas na sociedade, e em todos os estratos sociais, antes que o comportamento de uma minoria perigosa da população, mas o sistema penal está estruturalmente dedicado "a administrar uma reduzidíssima porcentagem das infrações, seguramente inferior a 10%" (Baratta, 1993, p. 49). Desta perspectiva, a impunidade, e não a criminalização, é a regra no funcionamento do sistema penal. (Hulsman, 1986, p. 127 e 1993, p. 65)

Por sua vez, impunidade e criminalização são desigual ou seletivamente distribuídas entre os vários estratos sociais, pois, em vez de uma incriminação igualitária de condutas, o sistema promove uma seleção desigual de pessoas de acordo, sobretudo, com uma imagem estereotipada da criminalidade e do criminoso em que a variável *status* social dos acusados tem um peso decisivo. De modo que a gravidade da conduta criminal não é, por si só, condição suficiente deste processo, pois os grupos poderosos na sociedade possuem a capacidade de impor ao sistema uma quase total impunidade das próprias condutas criminosas. Enquanto a intervenção do sistema geralmente subestima e imuniza as condutas às quais se relacionam com a produção dos mais altos, embora mais difusos danos sociais (graves desvios dos órgãos estatais, especialmente da polícia em atividades de extermínio e massacres, delitos econômicos, ecológicos, ações da criminalidade organizada), superestima infrações de relativamente menor danosidade social, embora de maior visibilidade, como delitos contra o patrimônio, especialmente aqueles cuja autoria são pessoas pertencentes aos estratos sociais mais débeis e marginalizados. E a "imunidade dos crimes mais graves é cada vez mais elevada à medida que cresce a violência estrutural e a prepotência das minorias privilegiadas que pretendem satisfazer as suas necessidades em detrimento das necessidades dos demais e reprimir com violência física as exigências de progresso e justiça, assim como as pessoas, os grupos sociais e os movimentos que são seus intérpretes". (Baratta, 1993, p. 50)

A equação minoria (dos baixos estratos sociais ou pobres) regularmente criminalizada x maioria (dos estratos sociais médio e alto) regularmente imune ou impune, na qual venho sinteticamente traduzindo a seletividade, evidencia, em derradeiro, que a clientela do sistema penal é constituída de pobres (minoria criminal) não porque tenham maior tendência a delinquir, mas precisamente porque têm maiores chances de serem criminalizados e etiquetados como criminosos, com as graves consequências que isto implica. Logo, impunidade e criminalização são realizadas geralmente pelo sistema penal segundo a lógica das desigualdades nas relações de propriedade e poder.

5.2.1. A ideologia penal dominante

Mas além de uma estrutura social (macrocosmos) caracterizada pela desigual distribuição da propriedade (rural e urbana) e do poder, é necessário aduzir que, em simbiose com ela, existe uma cultura ou ideologia penal específica a sustentar o sistema penal (microcosmos) e cujas representações sintetizam, por sua vez, o conjunto das funções declaradas ou promessas que legitimam sua existência.

Tal ideologia, construída pelo discurso oficial (legal, dogmático, criminológico e político criminal) desde meados do século XVIII a princípios do século XX, veio a constituir-se não apenas na ideologia dominante da Dogmática Penal e dos operadores do sistema penal, mas no senso comum sobre a criminalidade, o criminoso, a pena e o Direito Penal, e se mantém constante até nossos dias.[82]

Ela pode ser enunciada analiticamente mediante os seguintes princípios (Baratta, 1982a, p. 30-1; 1991, p. 35-7; Andrade, 1997a, p. 135-8):

a) *Princípio do bem e do mal*. O fato punível representa um dano para a sociedade e o delinquente é um elemento negativo e disfuncional do sistema social. O comportamento criminal desviante é o *mal* (comportamento de uma minoria desviada), e a sociedade, o bem.

b) *Princípio de culpabilidade*. O fato punível é expressão de uma atitude interior reprovável, porque seu autor atua conscientemente contra valores e normas que existem na sociedade previamente à sua sanção pelo legislador.

c) *Princípio de legitimidade*. O Estado, como expressão da sociedade, está legitimado para, através do sistema penal, reprimir a criminalidade, da qual são responsáveis determinados indivíduos.

---

[82] A respeito desta construção, ver ANDRADE (997a), capítulo primeiro.

d) *Princípio da legalidade.* O Estado não apenas está legitimado para combater a criminalidade, mas é autolimitado pelo Direito Penal no exercício desta função punitiva, realizando-a no marco de uma estrita legalidade e garantia dos Direitos Humanos do imputado.

e) *Princípio de igualdade.* O Direito Penal é igual para todos. A reação penal se aplica de igual maneira a todos os autores de delitos.

f) *Princípio do interesse social e do delito natural.* Os interesses que o Direito Penal protege são interesses comuns a todos os cidadãos.

g) *Princípio do fim ou da prevenção.* A pena não tem unicamente a função de retribuir ou punir o delito, mas de preveni-lo. Como sanção abstrata prevista pela lei, deve intimidar a prática da criminalidade (prevenção geral). Como sanção concreta, deve ressocializar o delinquente (prevenção especial).

Enquanto ideologia de controle, consubstancia uma divisão maniqueísta entre o (sub)mundo da criminalidade, identificado com uma minoria de sujeitos potencialmente perigosos (o mal) e o mundo da normalidade, representado pela maioria na sociedade (o bem). Consubstancia, neste movimento, uma visão estereotipada da criminalidade e um estereótipo do criminoso, associadas, em última instância, à clientela da prisão, cuja imagem projetada para a sociedade perpetua, de resto, tal visão: o "perigo" seletivamente encarcerado, aparece, como "o" perigo, imunizando-se vastíssima esfera da criminalidade e seu impacto nocivo à sociedade.

O sistema penal, constituído pelos aparelhos policial, ministerial, judicial e prisional, aparece como um sistema que protege bens jurídicos gerais e combate a criminalidade (o "mal") em defesa da sociedade (o "bem") através da prevenção geral (intimidação dos infratores potenciais) e especial (ressocialização dos condenados) e, portanto, como uma promessa de segurança pública. Aparece, simultaneamente, como um sistema operacionalizado nos limites da legalidade, da igualdade jurídica e dos demais princípios liberais garantidores e, portanto, como uma promessa de segurança jurídica para os criminalizados.

5.2.2. Das funções declaradas às funções reais e à eficácia do sistema penal

Chego, assim, a um ponto fundamental: o controle penal se caracteriza por uma "eficácia instrumental invertida, à qual uma eficácia simbólica confere sustentação";[83] ou seja, enquanto suas funções declaradas ou promessas apresentam uma eficácia meramente simbólica (reprodução ideológica do sistema) porque não são e não podem ser cumpridas, ele cumpre, latentemente, outras funções reais, não apenas diversas, mas inversas às socialmente úteis declaradas por seu discurso oficial, que incidem negativamente na existência dos indivíduos e da sociedade, e contribuem para reproduzir as relações desiguais de propriedade e poder.

A eficácia invertida significa, pois, que a função latente e real do sistema não é combater a criminalidade, protegendo bens jurídicos universais e gerando segurança pública e jurídica, mas, ao invés, construir seletivamente a criminalidade e, neste processo reproduzir, material e ideologicamente, as desigualdades e assimetrias sociais (de classe, gênero, raça).

Mas é precisamente o funcionamento ideológico do sistema – a circulação da ideologia penal dominante entre os operadores do sistema e no senso comum ou opinião pública – que perpetua a "ilusão de segurança" por ele fornecida, justificando socialmente a importância de sua existência e ocultando suas reais e invertidas funções. Daí apresentar uma eficácia simbólica sustentadora da eficácia instrumental invertida.

Nesta esteira, refiro-me a uma dupla inversão, a saber, preventiva e garantidora do sistema penal.

A inversão preventiva consiste em que as funções reais da pena não apenas têm descumprido, mas sido opostas às funções instrumentais e socialmente úteis de intimidação e ressocialização declaradas pelo discurso oficial.

A inversão garantidora – estreitamente relacionada com a preventiva – significa que, se comparando a programação normativa do sistema penal (da polícia à prisão) isto é, como deveria ser, de acordo com os princípios liberais garantidores, com seu real funcionamento, pode-se concluir que o sistema penal não apenas viola, mas está estruturalmente preparado para violar a todos os princípios (Zaffaroni, 1991, p. 237) e que, regra geral, é um sistema de "violação" ao invés de "proteção" de direitos (Baratta, 1993).

E embora tal violação, amplamente documentada por instituições de defesa dos direitos humanos nacionais e internacionais, se verifique, em maior ou menor grau, na totalidade dos sistemas penais

---

[83] Esta foi a hipótese que sustentei na obra "A ilusão de segurança Jurídica". A respeito, ver ANDRADE (1997a).

vigentes, na América Latina adquire contornos muito mais agudos, pela gravidade das ilegalidades cometidas, seja ao nível interno do sistema (policial, processual ou de execução penal), seja ao nível paralelo de grupos (grupos armados de repressão, paramilitares ou privados, que promovem intimidações, torturas, desaparições, execuções sumárias, extermínios, matanças, massacres, etc.) cuja ação integra, muitas vezes, um planejamento determinado de certas elites (com o apoio direto ou indireto do exército e dos governantes e cuja impunidade os próprios órgãos do Estado, que deveriam controlar, asseguram). (Zaffaroni, 1991; Baratta, 1993)

O fenômeno experimentado no Brasil é o de um poder penal extralegal, que inflige penas extralegais (controle social informal) e pode propriamente ser designado por sistema penal paralelo ou subterrâneo, que se dialetiza, funcionalmente, com o sistema oficial.

Reitera-se, pois, que há uma profunda conexão funcional entre o macrocosmos social e o funcionamento do microcosmos penal, que o expressa e reproduz, material e ideologicamente. O sistema penal revela-se como um subsistema funcional da produção material e ideológica (legitimação) do sistema social global; ou seja, das relações de poder e propriedade existentes e por isso a proteção que ele confere aos bens jurídicos é sempre seletiva: a propriedade em primeiro lugar!

Nesta perspectiva, o sistema penal e especialmente a pena (legal e extralegal) apresenta-se como violência institucional que cumpre a função de um instrumento de reprodução da violência estrutural, ou, na metáfora de Resta (1991) o sistema é como o "Parmakhon" que é idêntico ao mal – a violência – que pretende curar na sociedade.

5.3. A (des)ordem agrária: a estrutura latifundiária, os déficits de reforma agrária e agrícola, os conflitos e o MST

Poucas, como a sociedade brasileira, são marcadas por uma desigualdade tão profunda na distribuição da propriedade (rural e urbana) e do poder e, consequentemente, por relações sociais tão assimétricas e violentas. Nesta esteira, a compreensão da desigualdade agrária passa, necessariamente, pela sua historicidade, ou seja, pela compreensão do processo histórico de distribuição originária da terra no Brasil, da configuração da respectiva estrutura fundiária e sua permanência no tempo.

Sem a possibilidade e a pretensão de abordar esta historicidade, basta-me afirmar aqui, com apoio em ampla literatura histórica, sociológica e jurídica,[84] que a estrutura fundiária brasileira caracteriza-se por uma acumulação latifundiária improdutiva que, contemporânea à colonização do país (e, portanto acumulação originária da terra) nunca se redefiniu socialmente; ou seja, nunca foi objeto de uma reforma agrária efetivamente redistributiva, e vem produzindo uma exclusão social persistente, de efeitos gravemente cumulativos.

Desta forma, enquanto os processos de reforma agrária e democratização da terra foram e são realizados no mundo inteiro, sob influxo de lutas sociais mais ou menos intensas, mais (México e Rússia) ou menos violentas ou em caráter permanente (Estados Unidos, França, Argentina), objetivando otimizar o aproveitamento da terra e a qualidade de vida, "O Brasil é o País do latifúndio. Foi e é". (Ferreira, 1994, p. 112)[85]

Convivendo com os déficits de reformas agrária e agrícola, redistributivas da terra e dos recursos produtivos, há que se referir também mudanças sociais conjunturais de impacto agravador sobre o problema. É que o processo de urbanização (em meados do século XX) e os atrativos dos centros urbanos, associado ao processo de mecanização da agricultura (na passagem dos anos 60 para 70) conduziram ao êxodo rural e ao fenômeno dos favelamentos nas grandes metrópoles, ao tempo em que aumentaram a concentração fundiária. Para os pequenos agricultores que permaneceram na terra, agravaram-se as dificuldades e a exclusão.

A tensão no campo e os conflitos agrários,[86] liberados sobretudo na conjuntura de luta pós-80, são, portanto, expressão de uma problemática secular, sendo condicionados tanto pela referida estrutura fundiária, quanto pelas mudanças sociais de impacto cumulativamente agravador e o profundo déficit reformista, ou seja, de respostas estatais/governamentais ao problema socioeconômico da terra.

Trata-se, pois, de conflitos resultantes de um acúmulo de efeitos perversos que culminam em um quadro de exclusão social não apenas persistente, mas insuportável para expressiva parcela da sociedade brasileira que, sem dúvida, não se reconhece no clássico conceito de classe trabalhadora, pois, não são sujeitos marcados por relações de exploração e domínio, uma vez integrados no mercado e nas relações

---

[84] A respeito ver, entre outros, GUIMARÃES (1977); PANINI (1990); FAORO (1979); PRADO JÚNIOR (1993); VARELLA (1998); IBAD (1961).

[85] A respeito ver cadastramentos do INCRA (1976 e 1996) e Censo do IBGE (1985).

[86] A respeito, consultar as publicações anuais intituladas da Comissão Pastoral da Terra, que contêm um documentado cadastro dos conflitos no campo. O relatório de 1996 (Comissão Pastoral da Terra, 1997) revela que os conflitos passaram de 554 em 1995, para 750 em 1996; o número de famílias envolvidas sobe de 63.565 em 1995, para 96.298 em 1996. As ocupações vão de 146 para 398, e as mortes de 41 em 1995, para 54 em 1996.

de trabalho, mas sujeitos marcados pela inexistência de relação; pela não relação. São os sujeitos que não têm um lugar no mundo. Tratam-se, propriamente, dos excluídos.[87]

Na convergência daquela tríplice face, e, portanto, enraizada no referido processo histórico, radica a própria fundação do MST, enquanto movimento social agenciador da luta. Tendo como antecedentes outros movimentos campesinos como as revoltas de Canudos (1896-1897) no Sertão da Bahia, do Contestado (1912-1916) em Santa Catarina, e as Ligas camponesas do Nordeste (1954), em Pernambuco, além de outros grupos como os cangaceiros, entre os quais ressalta a figura de Lampião, eis que a luta pela conquista da terra é secular no Brasil, o MST contribui, decisivamente, para instaurar uma dialética de luta pela cidadania no campo.

Perfazendo um universo, em grande parte, de agricultores falidos ou sem perspectivas, e suas famílias, os sem-terra são despossuídos da própria base física, do *habitat* do exercício da cidadania. E seu espaço público, o próprio espaço de luta, se desloca para o espaço (território) do outro, onde a contagem do tempo é, antes de mais nada, o cronograma da subsistência.

E é esta carência básica que condiciona o horizonte no qual se projeta a própria luta e suas estratégias: o horizonte da reforma agrária (reiteradamente prometida no discurso legal e político) utilizando-se de estratégias como mobilizações, marchas e, sobretudo, ocupações (acampamentos e assentamentos) de latifúndios privados improdutivos ou terras públicas devolutas.

O que necessita ficar claro, contra toda orquestração ideológica desqualificadora, é que a luta do MST, se "aparentemente" se exerce contra a legalidade, é para reafirmá-la inteiramente; é para forjar sua concretização; senão vejamos, apontando a base legal em que se funda.

Há uma Constituição formal que reconhece a "cidadania", a "dignidade da pessoa humana", "os valores sociais do trabalho e da livre iniciativa" como fundamentos do Estado Democrático de Direito brasileiro (art. 1º, II a IV). Enuncia, como objetivos fundamentais da República Federativa do Brasil, "construir uma sociedade livre, justa e solidária"; "erradicar a pobreza e a marginalização e reduzir as desigualdades sociais e regionais"; "promover o bem de todos, sem

---

[87] Os "excluídos" representam, para a teoria social do final do século XX uma nova categoria analítica, de impacto redefinitório sobre os conceitos de classe, grupo e movimento social, ao tempo em que representam, para a sociedade, um problema de dimensão sem precedentes na história da acumulação do capital (globalizado).

preconceitos de origem, raça, sexo, cor, idade e quaisquer outras formas de discriminação"(art. 3º, I, III e IV). Declara a "igualdade de todos perante a lei, sem distinção de qualquer natureza" e a garantia do direito à vida, à liberdade, à igualdade, à segurança e à propriedade (art. 5º), dotando-a de função social (art. 5º, XXIII), erigida em princípio reitor da ordem econômica (inciso III do art. 170), cujo fim é "assegurar a todos existência digna, conforme os ditames da justiça social" (art. 170, *caput*) e definindo o instrumento da desapropriação para efetivar referida função social, bem como o seu sentido (arts. 184 a 186).[88] Reconhece os direitos sociais dos trabalhadores urbanos e rurais, equiparando-os (art. 7º). Enuncia ainda que "a família, base da sociedade, tem especial proteção do Estado" e que a criança e o adolescente estarão "a salvo de toda forma de negligência, discriminação, exploração, violência, maldade e opressão" (art. 227).

Não restam dúvidas de que a programação constitucional, se operacionalizada fosse, deflagraria o processo de resgate da dívida social agrária, sendo as normas programáticas nucleares as relativas à função social da propriedade.

Mas precisamente porque entre o espaço das promessas constitucionais – ainda depois da Constituição Federal de 1988 – e o espaço da partilha e gestão do poder, os problemas agrários não têm encontrado ou têm encontrado escassos canais de mediação para se expressarem como politicamente relevantes (no sentido de obter prioridade e satisfação de suas demandas, em nível governamental e judicial) a estratégia encontrada pelo MST, de ocupação de latifúndios improdutivos ou terras devolutas, o tem sido como forma de publicização e politização dos seus problemas, ou seja, de captar, para eles, a atenção da opinião publicada pela mídia e da opinião pública (que ela coconstitui), sensibilizando-a e pressionando a União para concretizar a reforma agrária, derradeiro fim perseguido.

Trata-se, portanto, de uma apropriação dos próprios potenciais simbólicos da Constituição,[89] ou seja, de uma práxis inteiramente embasada na principiologia constitucional do Estado democrático de direito brasileiro e destinada a efetivá-la; em uma palavra, direcionada para fazer cumprir a Lei e as promessas estatais nela positivadas.

---

[88] Quanto à desapropriação na legislação infraconstitucional, consultar especialmente os artigos 1º e 2º do Estatuto da Terra (Lei nº 4.504, de 30 de novembro de 1964).

[89] Alessandro Nepomuceno desenvolve a interpretação do MST como um novo movimento social que exercita tanto a "desobediência civil", e não a violência e a criminalidade, quanto um "controle informal de constitucionalidade". A respeito, ver "A desobediência civil e o movimento dos Sem-Terra". In: VARELLA. (org.). 1998.

De outra parte, como reforça Araújo (1997, p. 231-2) estando juridicamente reconhecido

> a todos aqueles que trabalham a terra o acesso a ela, conforme dispõe o Estatuto da Terra, nada mais justo do que pressionar o poder público a cumprir com o seu dever (§ 2º, letras "a" e "b"). Aqui se fundamenta a base legal do Movimento dos Sem-Terra. O que exigem é o cumprimento da Lei, a partir da sua condição de cidadãos, para quem também foi feita.

Nesta esteira conclui-se que, enquanto o Estado não construir – ou pelo menos esboçar – "uma sociedade livre, justa e solidária", erradicando "a pobreza e a marginalização", promovendo "a cidadania", "a dignidade da pessoa humana" e "os valores sociais do trabalho", assegurando "a todos existência digna, conforme os ditames da Justiça social", dotando a propriedade de sua "função social", conferindo à família "especial proteção" e colocando a criança e o adolescente "a salvo" da barbárie; enquanto o Estado não cumprir a Lei (e não é por falta de tributos que deixará de fazê-lo), elevando os excluídos à condição de "homens comuns" e, portanto, potencializando sua condição de cidadãos, capazes de cumprir a lei, feita precisamente para o "homem comum", não pode exigir que ela seja observada pelo homem "incomum". Não tem legitimidade para acusar o descumprimento da lei e muito menos para, em nome dela, erguer o braço armado do controle penal (punir). Esta é a face constitucional da crise de legitimidade do poder punitivo.

Se os conflitos agrários são, portanto, o resultado histórico de um pacto de exclusão do homem da terra que está na base da formação do Estado brasileiro na qual, antes da sociedade "pactuar", foi o Estado que delimitou seus limites e possibilidades (o pacto concreto da elite estatal ocupa aqui a ficção do pacto social, como fundador da sociedade) tais conflitos são legítimos na sua raiz, encontrando, igualmente, amplo respaldo legal, antes e sobretudo depois da Constituição Federal de 1988. A Luta do MST é, portanto, legítima social, política e juridicamente. Inversamente, é o poder do Estado e, particularmente, o poder punitivo, que experimenta uma profunda crise de legitimidade, agravada pelo poder penal subterrâneo.

5.4. A construção social dos conflitos agrários como criminalidade e a hegemonia do controle penal

No entanto, no mesmo movimento em que o MST passa a adotar uma estratégia mais contundente de ação, o poder tem recolocado sua estratégia no âmbito do controle penal, reapropriando-a, no sentido de deslegitimá-la, não apenas como ilegal, mas sobretudo criminal. É que, como enunciei, prepondera na sociedade brasileira a interpretação da conflituosidade no campo através do código crime-pena, através do espaço ou universo da pena.

Estamos diante de um processo material e ideológico de deslegitimação pela criminalização. E isto significa que estamos diante tanto de um processo de criminalização *stricto sensu* pelo sistema penal, em que as condutas dos integrantes do Movimento e muito particularmente de seus líderes, são tipificadas criminalmente, quanto de um processo, simultâneo, de construção de uma opinião pública (sobretudo através da opinião publicada pela mídia) criminalizadora da ação do MST. Nele convergem e interagem, portanto, o controle social formal (controle penal) e informal.

5.4.1. A construção social seletiva da criminalidade agrária: criminalização x impunidade

Vejamos, pois, como tem se dado o processo de criminalização *stricto sensu*, para logo a seguir focalizar a intervenção da mídia.

A construção social da criminalidade agrária é seletiva precisamente porque reproduz a lógica estrutural de funcionamento do sistema penal: ao mesmo tempo em que criminaliza os socialmente excluídos, imuniza-se as estruturas, o Estado e suas instituições, bem como os latifundiários e sua constelação protetora.

Com efeito, estatisticamente documentada se encontra a impunidade de que vem se beneficiando os mandantes de assassinatos e ameaças de morte no campo, em que os indícios de autoria atingem, de acordo com cadastramento da Comissão Pastoral da Terra (1997, p. 54-56), "grileiros", "pistoleiros", "fazendeiros", "gerentes de fazendeiros", "Gatos", "Jagunços", "Capitães da Polícia Militar", "delegados" e outros policiais, "oficiais de justiça" (muitos, expressamente nominados), sendo impressionante a relação de menores assassinados no campo, ou vítimas de assassinatos tentados e ameaças de morte.

Segundo ainda a Comissão Pastoral da Terra (1997, p. 51), desde o ano de 1985 até o ano de 1996, ou seja, em 11 anos, os números contabilizados no Brasil foram: um total de 976 assassinatos, 891 tentativas de assassinato e 2.500 ameaças de morte. "Neste período houve 56 julgamentos, entre eles 14 mandantes foram julgados, com 7 condenações, dos quais 2 estão foragidos".

Os conflitos mais recentes, que se notabilizaram no país pela dimensão da barbárie, foram os Massacres da Fazenda Santa Elina, em Corumbiara, que resultaram em 354 posseiros presos, dezenas de feridos, 10 agricultores e 2 policiais mortos, e o de Eldorado dos Carajás, no qual em torno de 200 policiais reprimiram violentamente os sem-terra que bloqueavam a Rodovia PA-150, resultando em 19 mortos e 51 feridos. Não há dúvida de que o limite entre o poder penal legal e extralegal, acima descrito, encontra-se aqui fortemente tensionado.

Quanto ao processo de criminalização, Varella (1998, p. 328-9) conclui que "após uma ampla pesquisa ao longo da atividade judiciária em torno do Movimento dos Sem-Terra, percebe-se que as principais acusações são de crime de dano, pelas cercas e demais estruturas destruídas quando das ocupações; crime de furto, pelo desaparecimento de lascas de madeira, cercas de arame, bois e alguns outros animais; crime de usurpação,[90] devido às ocupações de terra, e formação de quadrilha,[91] pela reunião para o fim de cometer os crimes anteriores".

Tratam-se, os três primeiros, de crimes tipicamente patrimoniais e o último, de crime contra a "paz pública", ao qual se agregue, considerados ofensivos do mesmo bem jurídico, os crimes de incitação ao crime (art. 286) e apologia de crime ou criminoso (287) pelos quais foi indiciado o coordenador nacional do MST, João Pedro Stédile. Sua prisão preventiva foi solicitada pelo delegado federal Antônio Carlos Cardoso Rayol, em maio do corrente ano, sob o argumento de "preservação da ordem pública" (*Correio Braziliense*, 13.05.98). Destaque-se, igualmente, a condenação, a mais de 20 anos de prisão, do líder José Rainha, acusado de participação no homicídio de um fazendeiro quando, na oportunidade, se encontrava em outro Estado; circunstância cuja prova testemunhal, amplamente indicada pelo acusado, foi negligenciada no processo-crime.

5.4.2. Violência superestimada e variáveis incluídas: o código comportamental

Os conflitos agrários passam a ser decodificados, essencialmente, como decorrentes da violência individual (comportamental), identifi-

---

[90] O crime de usurpação é definido no Código Penal brasileiro nas modalidades de "alteração de limites" (art. 161), "usurpação de águas" (art. 161, I), "esbulho possessório" (art. 161, II) e supressão ou alteração de marca em animais (art. 162).

[91] Os crimes de dano, furto e formação de quadrilha são definidos, respectivamente, nos artigos 155, 163 e 288 do Código Penal brasileiro.

cando-se, no comportamento (livre-arbítrio) dos "invasores" de terra (mais recentemente "saqueadores" das ruas e estradas) e suas lideranças, o fator decisivo e a responsabilidade (penal) pela "violência" no campo, então caracterizada como violência criminal (criminalidade).

Etiqueta-se o excluído como perigoso, culpável (culpado pela sua própria exclusão?), criminoso! E ao tempo em que etiqueta um culpado o controle penal identifica, com a etiqueta, um perigo à sociedade. Está construída a associação entre os conceitos de criminalidade e segurança, da qual resulta um conceito de segurança pública centrado nas ideias de punição e combate à criminalidade. A vitimização aparece associada, em consequência, com as vítimas da criminalidade individual.

Encerrada a complexidade dos conflitos num código comportamental, possibilitada está a declaração de guerra contra o violento comportamento dos invasores e o MST (liderança negativa), assim como a declaração da violência agrária como um grave problema de segurança pública, justificando o seu combate repressivo e policialesco, em "defesa da sociedade" e do bem jurídico propriedade.

Paralela e paradoxalmente (pois como apostar em um sistema que não pune?), a impunidade (dos invasores)[92] é corresponsabilizada pelo aumento da violência no campo. Eis, portanto, em síntese, como latentemente se decodifica a fórmula dos culpados: comportamento individual + impunidade = aumento da violência (criminalidade) agrária.[93]

Reproduz-se, desta forma, a polarização ideológica maniqueísta entre o bem (latifundiários vitimados em suas propriedades) e o mal (invasores sem escrúpulos), típica da ideologia penal dominante. Entra em cena a apropriação do penal como paradigma de guerra, bélico ou da beligerância, pois, a construção seletiva da criminalidade implica, neste universo, a demarcação de um autêntico "inimigo interno", contra o qual se declara guerra. A ideologia penal aparece com uma forte analogia com a "ideologia da segurança nacional". A problemática agrária é, no mesmo movimento, despolitizada e policizada (ou

---

[92] É de aduzir que, nesta visão corresponsabilizadora da impunidade incide, igualmente, o MST, em relação aos seus agentes repressores.

[93] Tal decodificação constitui, de resto, o discurso oficial sobre a violência que, colonizando todos os demais possíveis, e usado para interpretação das diversas formas de "violência de rua", é dominante no senso comum (político, jurídico, jornalístico, etc.) da sociedade brasileira, obstaculizando a apreensão mais profunda do fenômeno. A falta de nitidez no campo temático das políticas de segurança resulta então de que esta decodificação penal dos problemas sociais se consolida e se estende a novos campos.

militarizada). No trajeto da exclusão social à criminalização penal, duplica-se a violência, assim como duplica-se a imunização.

E para que se justifique a guerra que o paradigma penal subliminarmente instaura, é necessário manter sempre aceso o sentimento do perigo e do medo (sentimento subjetivo de insegurança), gerador de indignação e consensos silenciosos. A mídia, construindo seletiva e sensacionalisticamente a notícia sobre a criminalidade, cumpre um papel fundamental na construção social do perigo e do medo. Centrando a atenção na "violência" da rua e do campo, que ela e a polícia podem acessar, divulgando estatísticas alarmantes e sem fundamentação científica de seu aumento assustador, ela é a mais poderosa agência do controle social informal que, em simbiose com o sistema penal, sustenta o paradigma de guerra. Integra, portanto, o cotidiano dos brasileiros, invadindo suas casas, a informação massiva através de programas televisivos baseados na espetacularidade da violência (sangue) e da vitimização (lágrimas) individuais, com interlocutores que bradam no ar tanto a "vergonha" da impunidade ("Isto é uma vergonha"!) dos "maus cidadãos" quanto a apologia da repressão ("cadeia") para eles. É o chamado "Movimento de Lei e Ordem".

Ilustrações desta construção seletiva sensacionalista da notícia sobre a criminalidade podem ver-se em manchetes cotidianas como as que seguem: "Prisão preventiva para o líder dos sem-terra – João Pedro Stédile é acusado de incitação ao crime por estimular os saques e pode pegar pena de três a seis meses de cadeia". (*Correio Braziliense*, 13.05.98)

Ou ainda: "Cidades, o novo alvo do MST: Líder dos sem-terra avisa: vai tornar permanente a mobilização pelos saques para desenvolver o Nordeste. (*Jornal da Tarde*, 23.05.98)

Conjuga-se, aqui, a imagem da criminalidade promovida pela mídia com a imagem promovida pela prisão. A percepção dela como uma ameaça à sociedade devido à atitude de pessoas, e não à existência de conflitos sociais, direciona a opinião pública para o "perigo da criminalidade", e a violência criminal adquire, na atenção do público, a relevância que deveria corresponder à violência estrutural e, em parte, contribui a ocultá-la e mantê-la. "Trata-se de uma tentativa – particularmente perversa – de legitimar a injustiça nas relações sociais (a repressão violenta da exigência de justiça)". (Baratta, 1993, p. 52-4)

Tal processo apresenta, em derradeiro, uma "eficácia invertida" relativamente ao objetivo originário do MST: inversamente à formação de uma opinião pública sensível à sua causa e de adesão a ela (legitimadora), constrói-se uma opinião pública reprodutora da rejeição e do maniqueísmo criminal, reafirmando a existência de um "nós" (o "bem") que se defende contra "eles", *outsiders* (o "mal"), vilões da "Lei e da ordem", império do caos, contra os quais se deve dirigir um rigoroso combate criminal.

5.4.3. Violências sonegadas e variáveis excluídas: os códigos ausentes

Chego, assim, às violências sonegadas e às variáveis excluídas neste processo. Recordando que quando um conflito é construído como criminal passa a ser tratado desde tal lógica (violência e responsabilidade individual x segurança pública), arrastando consigo as consequências desta decodificação (descontextualização e despolitização), ao se identificar a potencialidade da violência (o mal) na conduta individual dos invasores, abstrai-se, portanto, a violência definida como criminal do seu contexto e conteúdo globais (a estrutura social agrária, o déficit político reformista, as mudanças conjunturais, a violência policial legal e extralegal, etc.), imunizando-se a concorrência das estruturas (violência estrutural), das instituições e relações de poder (violência institucional), das conjunturas, etc., pela sua existência.

Desta forma, como conclui Dias Neto (1997): "Tal tendência tem sido interpretada como produto de uma obstrução dos canais de comunicação política. Estes não têm sido capazes de absorver e administrar os conflitos relevantes e, desta forma, reduzir riscos existentes nos diversos contextos da vida social. Em termos sintéticos, poderia ser ressaltado um processo de perda de centralidade da política que, num contexto de fortalecimento dos mecanismos de autorregulação econômica, de crise do Estado e de atrofia dos órgãos tradicionais de intermediação política, deixa de exercer seu papel de gestão de conflitos. A obstrução da via política de solução dos conflitos sociais gera um terreno fértil para soluções simbólicas centradas no sistema penal. (...) Uma grande parte destas situações problemáticas, que não puderam ser administradas em seus campos políticos originários, é incorporada ao campo político vertical das políticas criminais, onde alguns riscos são isolados e traduzidos como problemas morais. Problemas que requerem enfrentamento multidisciplinar no âmbito da política (econômica, social, habitacional, educacional) são transferidos à instância penal. Os processos sociais geradores de riscos deixam de ser questionados em função de um processo de individualização das responsabilidades pelos danos. Ao atribuir responsabilidades penais, o sistema político se libera de sua própria responsabilidade por conflitos que não é capaz de administrar. Neste sentido, pode-se afirmar que o processo de construção da criminalidade é o outro lado do processo de despolitização da sociedade: o "espaço da pena" se expande sobre o vácuo deixado pela retração do "espaço da política".

5.5. Atravessando a geografia do controle penal rumo ao território da cidadania

Partindo-se da premissa da questão agrária como problema histórico multidimensional e complexo, há que se concluir, logicamente, que a luta pela construção da cidadania dos excluídos da terra – que passa pela efetividade da reforma agrária – encontra tanta resistência porque é, evidentemente, uma luta centrada no macrocosmos estrutural que dá, por sua vez, sustentação ao controle penal que sobre ele incide violentamente.

Mas é necessário perceber que ultrapassa o âmbito das relações capital x trabalho *stricto sensu*. Fundamental, portanto, desideologizar o discurso sobre a reforma agrária, despindo-o dos anacrônicos elos com uma esquerda revolucionária, socialista, comunista ou anarquista, porque a sua efetividade (respeitando a cultura própria da vivência dos sem-terra) é, no Brasil dos anos 90, condição *sine qua non* de resgate da dívida social e da própria estabilização das relações sociais o que, do ponto de vista regulador, não deixa de ser funcional ao próprio poder.

Seja como for, como desfecho da argumentação aqui desenvolvida, é forçoso concluir – e foi para este aspecto que procurou chamar a atenção – que a expansão do controle penal, da reprodução ideológica ao extermínio, extremos nos quais se exercita sem complacência, implica hoje um forte obstáculo a ser ultrapassado na luta pela construção da cidadania dos Sem-Terra, porque duplicação da exclusão e da violência. Ao desenhar a geografia do controle penal como estratégia, o poder redesenha, negritando-o, o mapa da exclusão rural.

Limitando-me à dimensão do argumento, resta dizer, nestas palavras finais, que a luta pela ultrapassagem do paradigma penal usado como paradigma bélico implica uma luta pela mudança da própria ideologia penal dominante, particularmente junto à opinião pública, em sentido lato, e aos operadores do sistema penal, em sentido estrito, pois o seu potencial bélico potencializa que a sociedade excludente se torne, cada vez mais, abortiva e exterminadora.

Neste sentido, é uma luta de dupla via, que envolve tanto a socialização de um contradiscurso ideológico ao paradigma bélico, através da própria mídia e demais mecanismos de controle social informal. Desde os desenhos animados e os brinquedos bélicos que reproduzem a *lógica* "mocinho x bandido" até a escola e particularmente as escolas de direito (formadoras do senso comum jurídico) quanto envolve a apropriação do potencial simbólico contido no discurso legal e dogmático declarado, buscando uma interpretação da Lei Penal, Processual Penal e Penitenciária, à luz da Constituição, capaz de radicalizar um processo que chamaria de "compensação da seletividade", dirigido a minimizar o impacto da criminalização sobre os sem-terra, como expressão de ação civil e política (cidadã) para a defesa e reafirmação dos direitos humanos.

Sem dúvida que o arsenal legal e dogmático disponível, incluindo desde a principiologia da Constituição Federal, aqui referida, passando pela principiologia garantidora do Direito Penal e Processual Penal liberais e os princípios gerais do direito, até suas respectivas técnicas jurídicas dogmáticas, constituem um código tecnológico apto a produzir interpretações ideologicamente compensatórias da seletividade do sistema penal.

Foi precisamente a via da defesa penal dos sem-terra a partir de uma rigorosa aplicação da técnica dogmática do crime que Varella explorou, com propriedade, demonstrando como o etiquetamento criminal e a atribuição de responsabilidade penal são (no caso dos crimes de dano, furto, usurpação e quadrilha, pelos quais, se recorde, são criminalizados os membros do MST) improcedentes. E o fez argumentando especificamente pela exclusão da tipicidade (pela ausência do dolo exigido pelo tipo) ou pela exclusão da ilicitude (pela presença do estado de necessidade) redefinindo as condutas como crimes famélicos.

Logo, conclui Varella (1998, p. 349), numa argumentação desqualificadora do dolo (válida para todos os crimes referidos), que "o alvo do Movimento dos sem-terra não é a propriedade que estão ocupando, mas a União, que deve agilizar o processo de Reforma Agrária, concedendo mais terras aos que querem produzir, desapropriando as grandes fazendas improdutivas deste país. O dolo não é se apropriar daquela terra, ato ilícito, mas sim fazer com que o Governo Federal exerça seu poder de soberania, desapropriando a fazenda ocupada e outras para realização de reforma agrária, não havendo, portanto, usurpação".

E ainda, uma vez que o fim das ocupações é pressionar o governo a desapropriá-las, "para que procedam a ocupação, são obrigados a abrir cercas e cortar arames. Logo, sua conduta não é uma conduta-fim, mas uma ação-meio para se chegar à conduta-fim. A vontade, via de regra, não é de causar dano ao proprietário, mas sim entrar na propriedade. Não se pode falar em conduta cometida para determinado fim ou assunção do resultado. Se fosse possível, a ocupação não danificaria a propriedade, até porque a intenção dos integrantes do movimento é que a terra lhes seja transferida em um futuro iminente. Por que, então, destruir algo que se pleiteia? Não há conexão lógica. Nenhum grupo de que se tenha conhecimento, até o presente momento, tinha como objetivo destruir propriedades rurais". (Varella, 1998, p. 333)

Quanto ao estado de necessidade, é forçoso concluir que

(...) em face das ocupações coletivas de propriedades agrícolas, há uma situação na qual os membros do Movimento dos Sem Terra não têm outra opção se não entrar na propriedade alheia, com o intuito de forçar o Governo Federal a realizar desapropriações, amenizando o problema social que se agrava a cada dia. Após tantos anos de promessas sem resultados e de diferentes métodos de luta pelo cumprimento do ordenamento jurídico brasileiro, que prevê a reforma agrária, foi somente com as ocupações que os excluídos, membros deste movimento social, conseguiram fazer acelerar o processo de democratização fundiária. Logo, utilizam os meios necessários e aptos a satisfazerem suas necessidades, ficando patente a excludente da ilicitude pelo estado de necessidade, excluindo o próprio crime (Varella, 1998, p. 339).

Tendo desqualificado o etiquetamento criminal relativamente aos crimes de dano, furto e usurpação conclui que, obviamente inexiste o crime de quadrilha, que se caracterizaria, precisamente, pela associação entre mais de três pessoas para a prática dos demais crimes .

Sem dúvida há muito o que produzir nesta direção, desde que se rompa com a ideologia dominante. E este é o desafio democrático que hoje se impõe aos que têm o poder da criminalização *stricto sensu*; pois têm, igualmente, o poder de apropriar as potencialidades ambíguas do discurso legal e dogmático. É possível avançar, também, pelo conceito de culpabilidade e, particularmente, pelo conceito que permeia toda a teoria dogmática do crime: o conceito de "homem médio", através do qual se pode devastar o próprio significado do sujeito penal (que sujeito é esse?), como já insinuei, para reencontrar o território da cidadania, o único capaz de confrontar a geografia genocida do penal, porque autêntico território da construção da dignidade humana; o território onde a luta do Movimento dos Trabalhadores Rurais brasileiros se insere.

6. Sistema penal e cidadania no trânsito: da promessa de segurança à eficácia invertida do Código de Trânsito brasileiro[94]

6.1. Introdução

O Código de Trânsito brasileiro (Lei 9.503, de 23 de setembro de 1997), doravante designado por CTB, dispõe, no § 2º do seu artigo 1º, que "o trânsito, em condições seguras, é um direito de todos e dever dos órgãos e entidades componentes do Sistema Nacional de Trânsito, a estes cabendo, no âmbito das respectivas competências, adotar as medidas destinadas a assegurar esse direito".

Por trânsito considera-se, é o teor do precedente § 1º do mesmo artigo, "a utilização das vias por pessoas, veículos e animais, isolados ou em grupos, conduzidos ou não, para fins de circulação, parada, estacionamento e operação de carga ou descarga".

Dispõe ainda o art. 6º que: "São objetivos básicos do Sistema Nacional de Trânsito: I – estabelecer diretrizes da Política Nacional de Trânsito, com vistas à segurança, à fluidez, ao conforto, à defesa ambiental e à educação para o trânsito, e fiscalizar o seu cumprimento; (...)".

Tomando por referencial tais definições do CTB e do Código de Defesa do Consumidor[95] e, portanto, contextualizando jurídica e

---

[94] Este texto constitui uma derivação de uma Pesquisa mais ampla desenvolvida entre agosto de 1999 a agosto de 2002, sob o patrocínio do Conselho Nacional de Pesquisa Científica (CNPq) e intitulada "Código de Trânsito Brasileiro (Lei nº 9.503 de 23.09.97) e cidadania: decodificando o impacto da nova lei na Sociedade Brasileira". Foi originariamente publicado sob o título O novo Código de Trânsito brasileiro: desafio vital para o terceiro milênio. In: RODRIGUES (org.). *O direito no III milênio*. Canoas: Ulbra, 2000, p. 151-166. E sob o título "Sistema penal criminalização e cidadania no trânsito: da promessa de segurança à eficácia invertida do código de trânsito brasileiro", *Seqüência*. Florianópolis, n.41, dez. 2000, p. 165-188.

[95] Segundo o art. 81 do Código de Defesa do Consumidor (Lei nº 8.078 de 11 de setembro de 1990), que aqui tomo por referente conceitual, entende-se por direitos transindividuais ou

historicamente a abordagem, parece-me de imediato que o trânsito, ainda que socialmente visível como um velho problema e ainda que de contornos jurídicos bastante difusos, pode ser inscrito na linha divisória entre o direito individual e supraindividual. Isso porque, se o direito ao trânsito apresenta-se fundado no velho direito individual de ir e vir, imprimindo-lhe novos contornos; o direito à segurança no trânsito aproxima-se, por sua vez, dos novos direitos transindividuais, particularmente dos interesses ou direitos difusos que, regra geral, devem impor limites àquele. Quanto ao dever jurídico de garantir o trânsito seguro, compete, segundo o dispositivo supracitado, ao Sistema Nacional de Trânsito (doravante SNT) o que implica, de qualquer forma, uma responsabilidade igualmente difusa.

Mas de que segurança se trata? Qual o sentido do *trânsito seguro* oficialmente erigido, como se vê, em promessa central do novo Código? Quais são os limites e possibilidades do novo diploma na instrumentalização dessa promessa? Tais são os interrrogantes que, à luz de uma leitura criminológica e político-criminal, proponho-me a responder, pois, a meu ver, trata-se do conceito e do direito central, explicitamente referido como objetivo básico a alcançar, que funciona como condição de sentido da codificação, opera latentemente ao longo de todo o seu discurso, e, no entanto, em momento algum, é explicitado. De outra parte, desvelar o conceito de segurança é fundamental, seja para a compreensão dos pressupostos ideológicos que orientam o CTB, seja para a compreensão dos seus limites e possibilidades na contenção da violência e na instrumentalização da prometida segurança no trânsito. Enfim, no interregno dessa explicitação, deverão também resultar indicados os limites do próprio direito ao trânsito.

E por que priorizar o trânsito? As razões poderiam se multiplicar, mas basta lembrar que o Brasil é um dos países com a maior taxa de mortalidade e mutilações registradas em acidentes de trânsito no mundo – que matam, anualmente, o número de pessoas mortas na Guerra do Vietnam;[96] basta lembrar quanto tempo de nossas vidas

---

supraindividuais aqueles abrangentes dos interesses ou direitos difusos (de natureza indivisível, de que sejam titulares pessoas indeterminadas e ligadas por circunstâncias de fato) e dos interesses ou direitos coletivos (de natureza indivisível de que sejam titulares grupos, categorias ou classe de pessoas ligadas entre si ou com a parte contrária por uma relação jurídica base). Diferentemente, é a titularidade individual e determinada que classicamente caracteriza, como a denominação está a indicar, os direitos individuais.

[96] Digno de referência, pela força comovente e dramaticamente pedagógica de sua narrativa o livro "Thiago Gonzaga: histórias de uma vida urgente", escrito por Dedé Ferlauto com base em depoimentos de Diza Gonzaga, sobre o filho morto em acidente de trânsito em Porto Alegre/RS, e publicado em maio de 1996 (juntamente com o lançamento da campanha publicitária VIDA URGENTE, pela Fundação Thiago Gonzaga, por ela fundada, de prevenção de acidentes envolvendo jovens motorizados).

passamos detidos no pequeno cárcere representado pelos veículos e quanto tempo demandamos no cuidado contra eles; basta pensar nos riscos, na tensão entre a vida e a morte e na radicalidade do compromisso com a vida que se encontra implicada nessa problemática, para situar o trânsito como problema capaz de nos sensibilizar e centrar a atenção, seja como indivíduos, profissionais ou comunidade; para situar o trânsito, antes de mais nada, no território da cidadania e, pois, para justificar a importância de sua abordagem.

Resta-nos saber se as promessas do Código que se propõe a reger o nosso cotidiano sobre rodas no terceiro milênio já não nascem, até certo ponto, com sintomas mórbidos.

6.2. Objeto e objetivo da codificação: uma promessa de segurança

É inegável a validade e importância de uma codificação, nem que seja pela sistematização e princípio de unidade que confere a uma legislação, com a consequente melhora do acesso público a ela. No caso, não é a primeira (vigorava no Brasil um casamento polígamo do Código Nacional de Trânsito com algo em torno de 800 resoluções) e nem tudo nela é novidade em relação à legislação anterior, fato que o efeito simbólico da publicação e a publicidade em torno do "novo" Código acaba por obscurecer.

O trânsito foi abordado, durante muitas décadas, como uma questão quase exclusivamente de engenharia de tráfego e de policiamento do Estado. Modernamente, é visto como problema complexo e multidimensional. Assim sendo, tanto a teorização e normatização relativas ao trânsito somente podem ser levadas a termo através de esforços multidisciplinares, quanto as respectivas políticas somente podem ser políticas multiagenciais.

Por outro lado, da mesma forma que o trânsito é um problema multidimensional, a violência no trânsito é um problema multifatorial, ou seja, condicionado por uma multiplicidade de fatores, dentre os quais podemos mencionar, sem pretensões de exaustividade, fatores que evocam aspectos estruturais, conjunturais, institucionais, relacionais, comportamentais, e metrológicas tais como:

a) estruturas e mudanças sociais e tecnológicas (crescimento da frota e consumo de veículos em razão muito mais do que proporcional ao crescimento da malha viária, por sua vez em processo de deterioração, principalmente nos grandes centros urbanos e rodovias de grande circulação veicular; incremento da potência dos veículos convivendo com a deterioração da frota mais antiga; deterioração ou deficiência do sistema de sinalização;

b) relações sociais e institucionais e interesses econômicos ou políticos localizados (relações de poder entre os usuários do trânsito e as autoridades policiais e administrativas, tráfico de influências, corporativismos, corrupções e outras ilegalidades permeando a burocracia do trânsito, interesses de mercado, profissionais, partidários, etc.);

c) condição física e mental e comportamento dos condutores e pedestres, bem como condições metrológicas.

O CTB supera, sem dúvida, a concepção clássica do trânsito como problema de engenharia de tráfego e veicular, por uma visão mais abrangente e mesmo humanista em que o homem é tornado sujeito, e seus direitos e deveres ocupam o lugar prioritário que anteriormente era ocupado pelo automóvel. Razão pela qual, no discurso declarado, canaliza seus esforços para o exercício de uma cidadania responsável no trânsito. Mas longe está, como veremos, de otimizar essa visão, até porque, ao invés de se libertar, radicalizou a herança repressiva e policialesca que acompanha aquela.

Sendo o trânsito o objeto do Código, podemos divisar nele, contudo, duas dimensões. Em sentido lato, trata-se de uma regulamentação abrangente do trânsito brasileiro realizado por via terrestre, que, seguindo a orientação superadora já indicada, contempla desde o regramento e distribuição de competências do SNT (capítulo II), normas gerais de circulação e conduta (capítulo III), normas relativas aos pedestres e condutores de veículos[97] não motorizados (capítulo IV), à sinalização de trânsito (capítulo VII), à engenharia de tráfego, da operação, da fiscalização e do policiamento ostensivo de trânsito (capítulo VIII), aos veículos (capítulo XIX), aos veículos em circulação internacional (capítulo X), aos registros de veículos (capítulo XI), ao licenciamento (capítulo XII), à condução de escolares (capítulo XIII) e à habilitação (capítulo XIV); até os aspectos da Educação para o trânsito (capítulo VI) e da repressão às infrações e crimes de trânsito (capítulos XV a XX).[98]

Em sentido estrito, o objeto da codificação é a violência no trânsito e seu objetivo é combatê-la, reduzindo os acidentes e, por extensão,

---

[97] O conceito de veículo é amplo, no Código, designando desde veículos automotores até motocicletas e bicicletas. Consequentemente, o conceito de condutores também o é.

[98] Por tal abrangência, parece-nos mais próximo da identidade de um Estatuto do que de um Código, embora assim não tenham entendido seus legisladores.

as mortes, mutilações e danos materiais no trânsito. A aliança declarada é, pois, com a vida (ver § 5º do art. 1º do CTB).

6.3. Os métodos na caminhada da barbárie à civilização: o binômio educar e punir

Nessa perspectiva, podemos identificar dois grandes métodos priorizados pelo CTB na caminhada da barbárie à civilização do trânsito brasileiro, a saber, educar e punir, mas com profunda hegemonia, como veremos, do segundo sobre o primeiro.

6.3.1. Circunscrevendo a educação: quem e como se educa para o trânsito?

A educação para o trânsito, contemplada no capítulo VI do CTB, em seis artigos, deverá ser instrumentalizada através de ensino público (educação formal), na pré-escola e nas escolas de primeiro segundo e terceiro graus e de campanhas públicas de caráter permanente (educação informal).

Além disso, creio que as próprias normas do CTB, especialmente as normas gerais de circulação e conduta, relativas aos pedestres e condutores de veículos não motorizados, à inspeção veicular, à condução de escolares e à habilitação destinam-se a cumprir, em si mesmas, uma função pedagógica preventiva.

A exemplo, partindo-se da premissa de que, ao longo da vigência da legislação anterior, a deficiente formação do condutor brasileiro revelou-se um dos principais indicativos da acidentalidade no trânsito, o texto do capítulo XIV destaca a relevância como deve ser encarada a habilitação do candidato a motorista. E o rigor das exigências para obtenção da respectiva carta pretende converter a habilitação, de mera formalidade que era tida, em instrumento de conscientização do candidato da real possibilidade decorrente da condução de um veículo automotor. Trata-se, pois, de ação pedagógica em si mesma.[99]

Dessa forma, visualizo no CTB uma tríplice promessa pedagógica preventiva: a) através das normas jurídicas; b) através da Educação formal; c) através da Educação informal.

---

[99] Nada contra normas dessa natureza, que são louváveis em muitos aspectos. Mas o que é subestimado, o tempo inteiro, são as mediações e as variáveis que se interpõem entre a letra da lei e a sua operacionalização, como se a lei realizasse, mecanicamente, uma programação que simplesmente enuncia.

Há que se considerar aqui que, diferentemente da punição, um projeto escrito no Código e de exequibilidade simultânea à sua entrada em vigor, a educação é um projeto a ser construído, ainda que a curto e médio prazo, e de forma e conteúdo em aberto: quem e como se educa para o trânsito?

Espera-se que, de fato, se tomem providências para a implementação do ensino e das campanhas prometidas na Lei, sob pena de desgastar, cada vez mais, as já desgastadas expectativas do cidadão no Direito, sob pena de agudizar o descrédito na legalidade. Sugere-se, também, que a educação para o trânsito utilize como recursos pedagógicos básicos não apenas ideias e teorias, construídas a partir da nossa realidade (e não importadas acriticamente), mas também, imagens de impacto, pois se é verossímil que ideias mudam ideias, muito mais o é que imagens mudam ideias e reconstroem a cultura. Por outro lado, somente as campanhas populares, que têm seu acesso democratizado à população, têm o poder de compensar a seletividade imposta pela educação formal, da qual estão excluídos os setores já escolarizados, seja pela faixa etária (como os idosos) ou outros fatores e a totalidade, que é significativa, dos setores não escolarizados (analfabetos, crianças pobres, etc.).

6.3.2. Circunscrevendo a punição: a hipercriminalização do cotidiano do trânsito

Contrastando quantitativa e qualitativamente com os 6 artigos disciplinadores da educação para o trânsito, encontram-se os 150 artigos que, ocupando os capítulos XV a XX do CTB, disciplinam a punição administrativa e penal, com um elenco, respectivamente, de 93 infrações e 11 crimes de trânsito. Como o evidenciam, pois, os capítulos XV (infrações, exaustivamente disciplinadas dos artigos 161 a 255) XVI (penalidades, previstas nos artigos 256 a 268) XVII (medidas administrativas, artigos 269 a 279), XVIII (processo administrativo, artigos 280 a 290) e XIX (crimes de trânsito, artigos 291 a 312) a punição é a marca mais saliente do Código. E assume, como se vê, um caráter bipartido, eis que prevista nas órbitas administrativa (infrações, penalidades e medidas administrativas) e penal (crimes e punições).

Nessa perspectiva, o Código propõe, em primeiro lugar, converter em infrações ou crimes algumas condutas que eram tipificadas como contravenções penais (como falta de habilitação para dirigir veículos e direção perigosa de veículo na via pública), e cuja consequência é o agravamento das penas. A seguir, propõe também o agravamento das penas de crimes já definidos no Código Penal, como homicídio e lesões corporais culposos ou redefinições relativamente a tipos penais (como a omissão de socorro). Enfim, criminaliza (também como infrações ou crimes) inúmeras condutas até então não criminalizadas nem como contravenções.

Exemplos de infrações consideradas gravíssimas são: dirigir sem possuir carteira nacional de habilitação ou permissão para dirigir (é também crime), com permissão para dirigir ou carteira vencida ou cassada, deixar de usar cinto de segurança, conduzir o veículo sem documentos obrigatórios, dirigir sem atenção, ter veículo imobilizado por falta de combustível, avançar sinal vermelho de semáforo, dirigir sob influência de álcool ou de outra substância entorpecente ou que determine dependência física ou psíquica (é também crime) em nível superior a 6 decigramas de álcool por litro de sangue.

Alguns exemplos de infrações de gravidade média: ultrapassar pela direita, deixar de dar passagem pela esquerda, dirigir o veículo com o braço de fora ou com apenas uma das mãos. Infrações, enfim, extensivas aos ciclistas e motociclistas: direção agressiva de bicicleta, direção com uma só mão, condução de motocicleta sem capacete e vestuário ou transportando criança menor de 7 anos.

As penalidades previstas para as infrações (cumuladas com medidas administrativas, se for o caso) são: advertência por escrito, multa, suspensão do direito de dirigir, apreensão do veículo, cassação da carteira nacional de habilitação, cassação da permissão para dirigir, e frequência obrigatória em curso de reciclagem (art. 256 e § 1º do CTB).

O art. 258 adota, para as infrações punidas com multa, um sistema classificatório categorial que as classifica em quatro categorias, de acordo com sua gravidade, a saber: de natureza gravíssima (180 Ufir), grave (120 Ufir), média (80 Ufir) e leve (50 Ufir).

O art. 259 estabelece o sistema de pontuação, segundo o qual, *in verbis*, "A cada infração cometida são computados os seguintes números de pontos:

I – gravíssima – sete pontos; II – grave – cinco pontos; III – média – quatro pontos; IV – leve – três pontos".

Dispõe, ainda, o art. 261, § 1º, *in fine*, que "(...) a suspensão do direito de dirigir será aplicada sempre que o infrator atingir contagem de 20 pontos, previstos no art. 259".

As punições cominadas para os crimes de trânsito, cuja aplicação poderá ser cumulada com penalidades, são: detenção (prisão) para todos os crimes, multa e suspensão ou proibição de se obter a permissão ou a habilitação para dirigir veículo automotor.

A hipercriminalização do cotidiano do trânsito e o elenco de penas adotado (registre-se a pena de prisão em *primeira ratio* para os crimes de trânsito, eis que cominada para todos, indistintamente, e os altos valores das multas) revelam que o CTB apostou alto na retribuição e na prevenção geral, ou seja, na ilusão do poder intimidatório da punição.[100]

Digno de nota, nessa direção, é o fenômeno hoje denominado de "administrativização do Direito Penal" que, dominante na Europa, é importado agora pelo CTB. Trata-se, com efeito, da apropriação, pelos sistemas administrativos, de métodos punitivos típicos do Direito Penal (inflacionando-se as chamadas sanções administrativas) com uma série relevante de implicações que foge, contudo, aos meus objetivos abordar.

O afã criminalizador levou por sua vez a violar, em vários momentos, o princípio da legalidade e a técnica penal construída em dois séculos para a garantia dos cidadãos contra punições arbitrárias, tema que, embora igualmente relevante e fugindo dos nossos objetivos imediatos, tem centrado a atenção dos juristas.

6.4. Educar e punir: desequilíbrio metódico

Diante do exposto, podemos concluir que o CTB contém uma dupla potencialidade, a saber, pedagógica e repressiva e que, neste binômio, inexiste equilíbrio, pois os potenciais repressivos (muito mais atuais) e, junto com eles, os potenciais corruptores, são quantitativa e qualitativamente superiores aos potenciais pedagógicos. De forma que o Código culmina por trair, em seus próprios termos, a premissa da prioridade cidadã.

Compreende-se, então, o significado às avessas do humanismo do legislador: se, de fato, ele olhou para o homem e seu complexo de direitos e deveres (e, mais especificamente, para a relação con-

---

[100] As funções oficialmente declaradas da pena são, tradicionalmente, a retribuição e a prevenção geral e especial: a pena, além de retribuir, deve prevenir a criminalidade (no Brasil, ver artigo 59 do Código Penal). A prevenção geral deve ser obtida através da intimidação dos cidadãos, dissuadindo-os da prática de crimes pelo temor supostamente causado pela cominação (previsão) da pena em abstrato na lei penal. A prevenção especial deve ser obtida já não através da previsão legal abstrata, mas da execução da pena privativa de liberdade em concreto, ou seja, na prisão, traduzindo-se na reabilitação dos criminosos para o retorno ao convívio social (no Brasil, ver artigo 1º da Lei de Execução Penal), embora nem as Ciências criminais nem as legislações vigentes tenham chegado a um acordo sobre o significado do conceito de ressocialização.

dutor-veículo), descentrando o automóvel, foi, parece-nos, para melhor punir e, só, residualmente, para educar. O homem, declarado cidadão, acabou convertido em consumidor do trânsito e objeto de seu controle policialesco e burocrático.

A favor da hipótese, mencione-se que o conceito de cidadania – que deveria permear o conjunto do código, potencializando o homem como sujeito de construção de uma cultura do trânsito – foi aprisionado num único e estático capítulo (V) de apenas 2 artigos (72 e 73) e teve seu significado apropriado, precisamente, pelo resíduo deste consumo: exercer a cidadania é peticionar, requerer ou solicitar informações ao SNT.

Trata-se, com efeito, de um Código com a tônica e a permanente inclinação para a segurança pública em detrimento da cidadania e dos direitos humanos declarados, que pretende domesticar o trânsito, antes pelo policiamento e pela força das punições, pelo impacto da máquina burocrática, de repressão administrativa e policial, do que preveni-lo através de uma ampla ação pedagógica de conscientização. Neste sentido, pode-se dizer que a domesticação da barbárie do trânsito pretende se exercitar antes pelo poder manifesto na caneta das autoridades do que pela civilização a partir de uma cultura cidadã, promovida por uma educação autêntica capaz de conscientizar os usuários para o exercício de uma cidadania responsável no trânsito. Trata-se, em suma, de uma ordem que pretende ser verticalmente imposta.

6.5. A construção legal da violência e suas causas e a hegemonia do paradigma da beligerância

Encontro-me, pois, em condições de indagar: como foi decodificado, no novo Código, o sentido da violência no trânsito e suas causas? Qual a interpretação que subjaz à letra de seu discurso?

Pelo discurso do CTB pode-se constatar que a violência no trânsito foi equiparada com "acidentalidade" e decodificada, essencialmente, como violência individual (mais especificamente, como violência comportamental) e essa logo associada com violência criminal (criminalidade), identificando-se no comportamento dos condutores (livre-arbítrio) o fator decisivo e a responsabilidade pelos acidentes de trânsito (responsabilidade individual).[101] A vitimização no trânsito

---

[101] Expressão do que se afirma é a designação dos condutores brasileiros por "3Is (Três Is): Imprudentes, Imperitos, Irresponsáveis", para indicar um comportamento no trânsito marcado pela *agressividade veicular*, expressão que, juntamente com *delitos do automóvel*, entre outras, integram o repertório de uma nova linguagem que vai sendo cunhada nessa direção.

aparece associada, em consequência, com as vítimas da criminalidade individual.

Reproduz-se, dessa forma, uma polarização ideológica maniqueísta entre o bem (vítimas e autoridades) e o mal (criminosos de trânsito) e uma associação entre os conceitos de segurança e criminalidade, da qual resulta um conceito de segurança no trânsito centrado nas ideias de punição e prevenção à criminalidade, apostando-se em dois grandes sistemas burocráticos e repressivos, em crise de legitimidade, a saber, o sistema penal (Lei-Polícia-Ministério Público-Justiça-Sistema Penitenciário) e o sistema nacional de trânsito e, subsidiariamente, em um sistema educacional a ser implantado, como métodos hábeis para instrumentalizar o controle da acidentalidade e, portanto, a segurança declarada.

Paralela e paradoxalmente (pois como apostar em sistemas que, alega-se, não punem ou punem mal?), a impunidade é corresponsabilizada pelo aumento da violência veicular. Eis, portanto, em síntese, como o Código latentemente decodifica a fórmula dos culpados: comportamento 3I (agressividade veicular) + impunidade = aumento da violência (acidentalidade ou criminalidade) no trânsito.

Em suma, prepondera no CTB a interpretação da conflituosidade ou da violência no trânsito, através do código crime-pena, através do espaço ou universo da pena, arrastando consigo as consequências dessa decodificação. É que, quando uma questão é definida como questão criminal, passa a ser tratada desde tal lógica (responsabilidade individual x segurança) eis que o Direito penal exclui uma interpretação política de fatores causais que estejam além do livre-arbítrio de autores identificáveis. E considerando os indivíduos como variáveis independentes, e não dependentes das situações, atua sobre aqueles e não sobre estas; com a agravante de que reprime os conflitos em vez de solucioná-los e interfere sempre após a sua consumação, não podendo impedi-los. Desde essa lógica, abstrai-se, portanto, a violência definida como criminal do seu contexto e conteúdo globais e reais para tratá-la problema comportamental e violência individual.

Mas é necessário que se diga que tal decodificação não é singularidade do CTB, pois ele não faz mais do que reproduzir o discurso oficial sobre a violência que, colonizando todos os demais possíveis, é dominante no senso comum (político, jurídico, jornalístico, etc.) da sociedade brasileira, obstaculizando a apreensão mais profunda do fenômeno.

E a hegemonia do paradigma penal (o tratamento dos conflitos sociais e da violência no espaço da pena) não é mais do que a outra face de um processo de esvaziamento do espaço da política, no qual a mídia exerce um controle social de especial relevância. Com efeito, o discurso dominante é socialmente construído em interação com o poder da mídia, sobretudo televisiva, cujas imagens e opinião publicadas têm, como se sabe, significativo poder sobre a formação da opinião pública. Integra, portanto, o cotidiano doméstico dos brasileiros, invadindo suas casas, a informação massiva através de programas televisivos baseados na espetacularidade da violência (sangue) e da vitimização (lágrimas) individuais, com apresentadores marcados por estilos díspares, embora fortes, como o popular caricatural (Gil Gomes, Ratinho) ou *glamour* global (Marcelo Rezende, Raul Cortez, Toni Ramos), mediados pelo cinismo furioso (Boris Casoy), que bradam no ar tanto a "vergonha" da impunidade quanto a apologia da repressão ("cadeia") como, respectivamente, culpa e solução para a violência, então decodificada como violência individual, descontextualizando-a e despolitizando-a. É o chamado "Movimento de Lei e Ordem" que, equivocadamente, é tido como um benéfico "clamor social" por uma legislação mais repressiva; como uma "saudável" fonte motivadora do atual Código de Trânsito.

6.5.1. Violência superestimada e variáveis incluídas: o CTN como código comportamental

Não obstante, pois, uma apreensão aparentemente ampla da multidimensionalidade do trânsito, o pressuposto, latente, do Código, parece ser uma identificação maniqueísta do bem (simbolizado nas autoridades responsáveis e nas vítimas) x o mal (simbolizado nos motoristas imprudentes, imperitos, irresponsáveis, negligentes) como se a conflituosidade e mesmo o caos no trânsito fosse um problema exclusivamente comportamental, para o qual não concorressem estruturas e mudanças sociais e tecnológicas (conjunturas), complexas relações sociais e institucionais de poder, além de interesses localizados.

O CTB aparece, nesse sentido, como um Código comportamental e como uma declaração de guerra contra o comportamento dos motoristas, orientado pelo que denomino "paradigma da beligerância", no marco do qual, identificados os inimigos segundo o diagnóstico e estereótipos de quem faz a lei, logo se desfere o ataque. Por isso, o que culmina por se verificar é um cidadão repressivamente cerceado no seu próprio direito de locomoção veicular.

Se o Brasil se caracteriza, de fato, pela existência de uma anticultura no trânsito e se os motoristas indubitavelmente a coconstituem e, portanto, o controle da violência veicular deve, necessariamente, contemplar o seu comportamento irresponsável e abusivo, não pode absolutizá-lo e nele se esgotar, sob pena de a política criminal colonizar, unilateralmente, todas as demais políticas, contrariando, uma vez mais, a evidência empírica da multidimensionalidade do trânsito. Nessa esteira, nem para punir nem para educar – ainda que nesse último resida, a meu ver, um dos fatores preventivos centrais da acidentalidade – se pode reduzir o problema do trânsito a um problema comportamental.

6.5.2. Violências sonegadas e variáveis excluídas: os códigos ausentes

Chego, assim, às violências sonegadas e às variáveis excluídas pelo CTB: ao identificar a violência na relação entre o condutor e seu veículo imunizam-se as estruturas (violência estrutural), as instituições (violência institucional) e as relações de poder (violência relacional), produzindo a descontextualização e despolitização dos respectivos conflitos.

Por outro lado, ao se pressupor a potencialidade da violência (o mal) no usuário, exime-se a concorrência tanto das autoridades com poderes para reprimi-lo, quanto das complexas estruturas e conjunturas que não oferecem condições de pacificação no trânsito.

A história do país atesta, contudo, não apenas a existência daqueles motoristas, de fato, irresponsáveis (homicidas em livre circulação), com mínimo ou nenhum cuidado veicular e com a vida humana, mas a existência de irresponsabilidade, arbítrio e corrupção das próprias autoridades que têm o dever de garantir a segurança no trânsito.

Mais do que isso, a história do país atesta uma estrutural militarização do aparelho policial, que dela não se liberta nem no exercício de funções que nada têm a ver com ataques militares (como o exercício da Polícia ostensiva de trânsito). Daí a profunda crise de legitimidade que hoje afeta o aparelho ao qual se delega o controle central do trânsito.

Importante também destacar que os superpoderes conferidos às autoridades, além de muito maiores que as defesas conferidas aos cidadãos, não se submetem, como esses, a um código comportamental, pois o Código limita-se a afirmar o trânsito seguro como direito e a responsabilidade genérica do poder que o controla, ao declinar, no § 3º do art. 1º, a responsabilidade objetiva dos órgãos e entidades do

SNT por "danos causados aos cidadãos em virtude de ação, omissão ou erro na execução e manutenção de programas, projetos e serviços que garantam o exercício do direito do trânsito seguro".

Indaga-se: qual é a efetiva abrangência deste dispositivo? Inclui a responsabilidade pelas perdas e danos causadas aos cidadãos pelas autoridades que erram ou abusam de poder na repressão penal e administrativa ou na imposição de trâmites burocráticos à sua já burocratizada vida?

Em definitivo, se é certo que o CTB contém um código comportamental para os usuários, um código funcional (autorizador de competências e poderes) para os órgãos e entidades do SNT (o Contran é o ator central aqui) e para as autoridades policiais e administrativas e, ainda, um código veicular (novamente disciplinando a conduta dos usuários em relação aos seus veículos) ele não contém um código disciplinador dos meios de produção de veículos, de circulação de ideias e serviços a seu respeito; ou seja, um código dos fabricantes, montadoras, despachantes, publicitários e outros que imponha, por exemplo, limites à velocidade e potência das máquinas. Não contém, igualmente, um código viário, que regulamente a construção e conservação das vias para oferecer um trânsito seguro e em condições de ser suportado pelos usuários sem chegar ao limite do *stress*, autêntica esquizofrenia veicular que, reconhecidamente, contribuem para a violência no trânsito.

Indaga-se: quais são, no Código, os limites impostos aos fabricantes e montadoras de veículos e aos construtores das vias, que possam definir suas respectivas responsabilidades pelos acidentes de trânsito? E quais são os limites impostos à publicidade homicida, particularmente da mídia falada, em torno do "poder" (*power*) dos veículos? E à publicidade sobre os prazeres da bebida alcoólica? São todos unicamente beneficiários de um mercado veicular em expansão? Se a responsabilidade jurídica do SNT é genérica e difusa, a responsabilidade indagada parece ser inexistente.

6.6. O "outro" como paradigma: o fascínio alienígena

É de se aduzir, também, que o CTB não parece ter se libertado do fascínio alienígena, produto de uma secular colonização cultural e jurídica a que estamos submetidos,[102] ainda quando o referencial do

---

[102] Associado a esse dado, o atual processo de globalização impõe mais do que nunca a globalização do controle penal, isto é, a padronização normativa para combater aquilo que se define como criminalidade, da ótica do poder.

países ditos desenvolvidos para a elaboração da legislação pátria se apresente, cada vez mais, retórico e perigoso.

Retórico, porque se assume os resultados alienígenas no trânsito como ideal a alcançar, muitas vezes "acima da" e "atropelando a" estrutura e a cultura nacionais. Julga-se o trânsito do "outro" civilizado porque o homem alienígena o é, sem ressaltar que ele se insere em uma estrutura social e uma cultura que favorecem e estimulam a sua "civilização". Ou, em outras palavras, que o mesmo Estado que quer estar presente na hora de punir não se omite ou se omite menos na hora de educar e de se responsabilizar.

Perigoso, porque quanto mais o Direito promete, sem poder cumprir, mais perde poder e credibilidade social. Logo, copiam-se acriticamente as exigências para obtenção dos mesmos resultados, usa-se predominantemente a repressão para alçar o plano do desenvolvimento; ou seja, define-se um amplo quadro de normas a obedecer, de difícil concretização, a começar pelo aparelhamento obrigatório dos veículos e bicicletas, e logo a seguir, um amplo quadro de punibilidade administrativa e penal real para punir o estágio ideal a alcançar.

Em síntese, projeta-se o ideal (veículos superequipados, com onerosos equipamentos, e multas de valores faraônicos que os brasileiros, mesmo dos estratos médios, não podem pagar; hipercriminalização, que os sistemas penal e administrativo não podem operacionalizar), acima das estruturas e da cultura e pune-se, rigorosamente, o seu descumprimento real, que é previsibilíssimo.

Por outro lado, o CTB fortalece o poder do SNT precisamente quando se tornam públicas denúncias de corrupção e crise no interior de seus órgãos; fortalece o sistema penal e particularmente a pena de prisão quando se aprofunda a crise do aparelho policial, especialmente militar, e do sistema penitenciário. Fortalece a pena de multa ao tempo em que o país experimenta grave crise financeira e depauperização da população. Saliente-se, em especial, que os números das pesquisas e as imagens sobre a violência no sistema penitenciário brasileiro são tão fortes, contundentes e graves quanto os relativos à violência no trânsito, evidenciando que o CTB se baseou numa apropriação seletiva de números, imagens e ideias: ao mesmo tempo em que apropriou os primeiros, para justificar o argumento do "aumento" da violência no trânsito, olimpicamente ignorou os segundos, apostando, portanto, "combater" uma estrutura violenta com outra tanto ou mais violenta e sem qualquer espaço potencial para absorver a criminalidade de trânsito.

6.7. Déficit de base nacional e de base científica para a política criminal

Chego, aqui, a um ponto fundamental. Se existe uma política "criminal" orientando o CTB, ela pode ter escutado a voz do poder de plantão e o senso comum, mas certamente não escutou nem a ciência nem a experiência (a realidade do próprio país), carecendo de uma sólida base científica, teórica e empírica, pois, além de apostar nas funções já cientificamente desmitificadas da pena e do sistema penal, estendendo-as para o Direito Administrativo, aparece latentemente influenciado por uma visão alienígena.

Ao orientar-se, pois, pelos paradigmas da beligerância e do etnocentrismo, contraria a moderna orientação político-criminal minimalista e abolicionista que, baseada em meio século de investigação criminológica teórica e empírica, consubstancia conclusões científicas irreversíveis no campo da criminalidade e da resposta punitiva. Tomemos um *flash* delas.

A Criminologia contemporânea demonstra, em primeiro lugar, que a seletividade do sistema penal não é um acidente de percurso e não se deve a déficit de infraestrutura, mas se trata da lógica estrutural de seu funcionamento. A equação *minoria (pobre) regularmente criminalizada* x *maioria (dos estratos sociais médio e alto) regularmente imune ou impune,* na qual venho sinteticamente traduzindo a seletividade, indica também que a impunidade não é uma disfunção do sistema, mas sua regra de funcionamento. Sabe-se, nessa esteira, que os chamados "criminosos de trânsito" não correspondem ao estereótipo dominante de criminoso (associado ao pobre, preto, feio, sujo, desempregado, alcoólatra, etc.) constituindo uma clientela que está, pelo *status* social, subtraída ao cárcere e, regra geral, na esfera da impunidade ou da imunidade penal.

De outra parte, e paradoxalmente, com a vastíssima criminalização nele consubstanciada o Código instaura, sem dúvida, o autorretrato da criminalidade para os pertencentes aos estratos médio e alto da sociedade, historicamente excluídos do estereótipo de criminoso, mostrando a sua face real: é conduta de todos nós e não dos outros (*outsiders*, marginais, bandidos). O Código revela, cristalinamente, um "banditismo"(?) automobilístico e que para as sequelas e mortes sob o signo dos "bandidos" sobre rodas – ainda quando seus colarinhos sejam tão alvos ou coloridos (branco, prata, vermelho, azul, verde) quanto as cores dos seus automóveis – as penas devem ser agravadas. Tratar-se-ia da construção de um novo estereótipo de criminoso (ainda que para velhas condutas?) apta a causar impacto na lógica estrutural de funcionamento do sistema penal?

Em primeiro lugar, a própria questão da seletividade adquire aqui novos contornos, pois selecionar criminosos de trânsito implica – excetuados casos de pedestres, motociclitas ou condutores mais pobres – deslocar a punição para os estratos médio e alto da sociedade, regularmente imunes ou impunes pelo sistema penal. Mas nesse universo existe uma imensa diferenciação de *status* social. De modo que a aplicação da Lei de trânsito será igualmente seletiva se reproduzir essa desigualdade, por exemplo, centrando a repressão no condutor do Fusca 69, da Kombi 70, da Brasília, da lambreta, etc. (que, de fato, tem menores condições de satisfazer as exigências veiculares do CTB) e imunizando os condutores de elite, cujo poder econômico, político ou social tanto permite uma ultraequipagem e manutenção veicular, quanto melhor apropriar os potenciais corruptores do Código.

Em segundo lugar, no caso de prisão de pessoas pertencentes ao referido *status social,* há uma potencialidade de impunidade. Imaginem-se os "criminosos" do trânsito, os "nossos filhos", jovens dos médio e alto estratos sociais, detidos juntamente com "criminosos" perigosos, traficantes, estupradores, homicidas, aidéticos... por sua pertença de classe, eles não correspondem, de modo algum, ao "estereótipo" de criminosos, muito menos de criminosos perigosos, nem suas condutas, por mais irresponsáveis que sejam, correspondem a de crimes graves; até porque, estas condutas têm a albergá-las, o álibi de "crimes culposos" e as figuras da imprudência, da negligência e imperícia, em detrimento das figuras da vontade dirigida a um resultado (naturalístico ou finalístico, dependendo da teoria), que revertem os crimes de trânsito em "acidentes" ou "desastres", que sobrevêm como uma fatalidade na vida de qualquer "cidadão de bem", como um de "nós".

Quanto à prevenção geral, a Criminologia demonstra que é impossível avaliar empiricamente o impacto intimidatório da pena em abstrato e, se alguma avaliação pode ser feita a respeito, é a de que não possui a eficácia declarada pelo sistema penal, como o demonstram, por sua vez, os inúmeros dados empíricos existentes sobre a reincidência ou o aumento dos índices criminais após agravamento qualitativo ou quantitativo das penas (como no Brasil após as Leis que instituíram os crimes hediondos ou em Estados americanos após implantação de prisão perpétua ou pena de morte). Em suma, não apenas inexiste fundamento científico para sustentar que o endurecimento da repressão guarde uma proporção direta com a redução das infrações e crimes, quanto existe comprovação empírica de que persistem, apesar do seu impacto. Razão pela qual é ilusório esperar que a intimidação pela severidade das sanções penais e administrativas (especialmente pelo alto valor das multas) possa, por si só, diminuir a acidentalidade de trânsito. Este é um silogismo simplista que só obedece às regras da razão abstrata e só no campo da abstração pode se sustentar. Mas não resiste ao mais leve toque empírico.

Quanto à prevenção especial, é desnecessário insistir no óbvio. Não se necessitam das milhares de páginas criminológicas escritas sobre o "mito" da ressocialização, mas basta ser um observador ou expectador de televisão – a Criminologia dá suporte científico à evidência – para se convencer de que o sistema penitenciário não apenas é incapaz de ressocializar (o problema é estrutural e conceitual e não conjuntural) mas, ao contrário, implica uma "fabricação de criminosos" e uma duplicação da violência inútil (e cada vez mais incontrolável pelo poder público), com o agravante dos seus altos custos sociais.

Tratando-se da infraestrutura, a caótica situação do sistema penitenciário brasileiro – retratada pela mídia e pelos últimos censos penitenciários publicados no país a partir 1994 pelo Conselho Nacional de Política Criminal e Penitenciária do Ministério da Justiça – evidencia não apenas a absoluta inviabilidade, mas a impossibilidade mesmo de se insistir na pena privativa de liberdade como resposta punitiva, o que é particularmente válido para os crimes de trânsito.

Além de evidenciar a profunda seletividade do sistema (95% dos presos são pobres), as indescritíveis condições existenciais de sua clientela, o profundo déficit de vagas, etc., um dos dados que mais impressiona nesses Censos é a desproporção profunda entre seu custo (custo da construção de estabelecimentos prisionais, de cada vaga, de manutenção do preso) e a sua inutilidade social. Cada preso custa, em média, 3,5 salários mínimos por mês o que, se investido fosse em trabalho, por exemplo, empregaria aproximadamente três trabalhadores. Outro dado impressionante é que o número de mandados de prisão expedidos e não cumpridos (275.000 em 1994, sendo que no Censo de 1995 tal dado foi ocultado porque, imagina-se, não seja mais cognoscível) representa mais do que o dobro da clientela aprisionada e, dessa, apenas a metade se encontra cumprindo pena em penitenciárias, enquanto o restante se encontra em presídios e delegacias; em qualquer caso, em plena violação da Lei de Execução Penal.

Simplesmente – e derradeiros são os dados sobre a superlotação – não existem vagas para mais ninguém, seja nas penitenciárias ou nos presídios e delegacias públicas, onde irregularmente se amontoa e se evade, hoje, metade da população prisional do país, cujo maior problema de segurança pública, anunciado pela crescente ocorrência e gravidade das rebeliões, fugas e mortes, de envolvidos e inocentes, é o próprio sistema penitenciário.

Outro dado: apenas para acabar com a superlotação existente até o ano de 1994, fora os mandados de prisão expedidos e não cumpridos à época, seria necessária a construção de 130 estabelecimentos a um custo aproximado de 8 milhões de dólares cada um com capacidade para 500 presos, sem computar no valor os equipamentos, apenas a construção.

Em suma, a Criminologia contemporânea e a evidência empírica, ou seja, a realidade dos nossos sistemas penais e penitenciários mostra, com uma exuberância tal que beira às raias da alucinação, não apenas a absoluta inutilidade da pena de prisão, mas a duplicação da violência que ela implica com o agravante dos seus altos custos sociais. Tratar a violência do trânsito com a violência do sistema penitenciário implica uma duplicação da violência inútil e numa ilusão de solução. Por todos esses motivos é que as Ciências criminais contemporâneas já firmaram a convicção em duas grandes linhas de política criminal: a do minimalismo (sustentando a utilização da prisão como pena em *ultima ratio*) e a do abolicionismo penal (sustentando a necessidade de sua abolição), donde o tema emergente das penas alternativas à prisão, quando o CTB acaba de adotá-la em *prima ratio* para todos os crimes de trânsito.

Indaga-se: onde e para que fim se pretende encarcerar os "criminosos sobre rodas"? Quem pagará e como se pagarão os custos?

6.8. Da promessa ao mercado da segurança e à eficácia invertida do Código de Trânsito

Aceitando-se as premissas do trânsito como problema complexo e multidimensional e da violência como problema multifatorial, há que se concluir, logicamente, que não se trata de um problema "estático" que possa ser "solucionado" com intervenções unidimensionais e parcializadas, mas, ao contrário, se trata de um "processo" cuja necessidade de superação é permanente e dependente da concorrência de múltiplos fatores, no qual o Código, não obstante sua importante simbologia e instrumentalidade, assume todo o seu relativismo.

E como toda Lei, o CTB é um programa de ação, o qual não tem o poder, por si só, de mudar a realidade que objetiva regular, quanto mais porque, como tentei demonstrar, se reveste de limites estruturais e conceituais para instrumentalizar a prometida segurança no trânsito brasileiro; limites que vão desde a apreensão fenomênica da violência até os métodos eleitos para "combatê-la". Estou, portanto, em condições de responder afirmativamente ao interrogante formulado ao início: o Código destinado a reger nosso cotidiano sobre rodas e salvar vidas no terceiro milênio já nasce, até certo ponto, com sintomas mórbidos.

Porém, mais do que limites, por conter inúmeros centros irradiadores de polêmica, visualizo nele as potencialidades de uma "eficácia invertida",[103] no campo criminológico e político-criminal, que estou a abordar, pois, ao hipercriminalizar o cotidiano do trânsito, inflacionando as infrações e os crimes, o Código desenha, antes que o mapa da segurança, o mapa da impunidade e da insegurança.

Considerando que o cotidiano do trânsito foi criminalizado, penal e, sobretudo, administrativamente, abrangendo condutas praticadas por todos os habitantes do país, reiteradas vezes,[104] somente restam duas alternativas: ou pune-se a todos igualitariamente (radicalizando o cumprimento dos princípios constitucionais da isonomia jurídica, da legalidade penal e processual penal) ou, reproduzindo-se a lógica seletiva do sistema penal, selecionam-se alguns.

A primeira alternativa, além de ser impossível, não seria, paradoxalmente, desejável. É impossível porque, ao hipercriminalizar o social, o CTB encomenda ao conjunto dos (sub)sistemas encarregados do controle do trânsito uma demanda imensamente superior à sua intrínseca capacidade, ou seja, que estão estrutural e mesmo conjunturalmente incapacitados de absorver. Seria socialmente indesejável porque implicaria transformar a sociedade em uma grande prisão ou em um grande fundo arrecadador.

Como unicamente a segunda alternativa é factível, eis que a única capaz de ser operacionalizada (o que evidencia, entre outras variáveis, que a seletividade do sistema punitivo é estrutural) verossímil também é que, com ela, visibilizada fica a impunidade no trânsito. Trata-se, com efeito, de um projeto simbólico: que não pode ser eficaz em sua totalidade e que não é feito para sê-lo, mas para (possibilitando

---

[103] Categoria que cunhei para explicitar o funcionamento invertido do sistema penal. A respeito, ver ANDRADE (1997).

[104] Lembre-se, apenas, as infrações de dirigir com o braço para fora do carro ou com uma só mão (que já o eram no Código anterior) ou direção agressiva de bicicleta ou atravessar rua fora da faixa de segurança.

algumas aplicações exemplares) gerar a ilusão de que o é; para gerar a ilusão de segurança!

Inversamente, pois, na defasagem entre o prometido e o possível de realização, o que se potencializa e redimensiona na sociedade é a sensação de impunidade e insegurança. O efeito social mais perigoso parece ser, de fato, a perda crescente de poder e credibilidade do Direito, pois se antes havia a escusa da legislação e punição deficitárias, para combater a criminalidade de trânsito, agora a opinião pública necessitará de novas e convincentes escusas. O que volta a realimentar a incerteza, a insegurança e o temor na população e, inclusive, a indignação social e a rejeição, ao invés da adesão ideológica ao novo Código (pois é evidente a gravidade dos acidentes, mutilações e mortes no trânsito), voltando a desacreditar o sistema num mecanismo de *feed-back*. O chamado "clamor social", por sua vez, pela radicalização repressiva como meio de solução do problema (cuja autenticidade deve ser permanentemente questionada porque até certo ponto socialmente construído pelos meios de comunicação de massa), ingressa por essa via numa espiral sem retorno.

A compreensão dessa cultura punitiva revigorada passa, contudo, pela compreensão dos objetivos latentes, não declarados, do Código de Trânsito, a partir dos quais o próprio sentido da "segurança" prometida pode ser ressignificado.

É que não há como não contextualizá-lo no âmbito de um autêntico mercado de controle do trânsito e de uma autêntica indústria da segurança. Não é outra a percepção de José Isaac Pilati,[105] ao concluir que

> Quem observa, pelo prisma da advocacia, a evolução do aparelho de fiscalização do trânsito nos últimos 25 anos, percebe um crescimento fantástico da sua capacidade de arrecadação, a par de um progressivo endurecimento nos processos administrativos (de cancelamento de multas). É que surgiu em torno da segurança no trânsito, ao que se percebe, um microssistema econômico bem identificado, forte e afirmado junto ao Estado, que, produzindo e oferecendo equipamentos e serviços especializados, tende, naturalmente, a incrementar as ações públicas de repressão (inclusive com o novo Código). O exemplo mais contundente são aqueles traiçoeiros radares, estrategicamente colocados em retas inocentes, verdadeiras armadilhas de multas, com participação privada nos lucros, conforme denunciado, recentemente, pelo Ministério Público catarinense. (...) E mais: ao redor da arrecadação das multas fomenta-se uma rede (dependente) de indústrias e serviços (art. 320 do CNT), com todo um arsenal de interesses e poder, que a mídia, frequentemente, espelha e reflete.

---

[105] A respeito ver PILATI (1998).

6.9. Atravessando o mapa da codificação rumo ao território da cidadania

Atravessando o mapa traçado pela codificação para encontrar o caminho da segurança, creio que seja fundamental reencontrar o homem (nas ruas, nas praças, nas estradas), antes que no território do policiamento e do medo punitivo,[106] no da pedagogia e da cidadania. Porque esse é o território em que a segurança no trânsito poderá ancorar com mais solidez. Nesse sentido se revela, a nosso ver, o andar mais importante da nova codificação: ter chamado a atenção e definido bases para a educação no trânsito. Em consonância, pois, com a argumentação aqui desenvolvida, resta-nos apostar que na sua dupla potencialidade preventiva (educação/repressão) se explore, ao extremo possível, a prevenção pela pedagogia antes que a repressão administrativa e penal. E se explore, não através de decisões e políticas públicas verticalizadas, mas horizontais, mobilizadas pelo permanente exercício da cidadania, em que a população, não apenas objeto, mas sujeito do trânsito, tenha real participação. E relembrando, por sua vez, que cidadania provém de cidade, seu lugar originário de exercício, e que o CTB acaba de implantar a chamada municipalização, precisamente para que essa não se reduza a uma prefeiturização, resgatemos o exercício da cidadania nas cidades, seja nas ruas, nas praças ou nos gabinetes, através de uma ação conjunta das autoridades e dos cidadãos envolvidos no processo (órgãos e entidades do SNT, condutores de veículos e pedestres) pois essa é, a meu ver, a dimensão mais importante do novo Código, porque a única capaz de concorrer para transformar a anticultura brasileira do trânsito numa cultura genuína; a única capaz de potencializar o Código como uma autêntica aposta na vida: nas vidas que, de fato, não queremos perdidas no novo milênio.

---

[106] A conjuntura de entrada em vigor do CTB (janeiro/98) foi marcada por uma intensa euforia em torno dos números que, ocupando as manchetes cotidianas dos jornais brasileiros, noticiavam o impacto do novo Código na diminuição da acidentalidade de trânsito. Obviamente que esse é o resultado socialmente desejado e vital. Mas, além da advertência de que devido às "cifras negras" da acidentalidade (aquelas que não são oficialmente registradas e que não aparecem, portanto, nas estatísticas) é impossível saber-se o número total de acidentes no trânsito, é importante recordar também outros dados que acompanharam a entrada em vigor do Código: o peso da informação massiva quanto ao seu rigor punitivo e a desinformação e incerteza dos usuários quanto ao seu conteúdo concreto e às suas específicas consequências (o que dá cadeia, o que não dá?) associadas ao policiamento ostensivo nas ruas; o que resultou, de fato, no medo nas ruas e na tirada de pé do acelerador. Nessa esteira, pergunta-se: as motivações para a euforia foram reais ou contingentes? As bases da declarada redução da acidentalidade são sólidas ou frágeis? Até quando se pode mantê-la pelo policiamento ostensivo e pelo amedrontamento da sociedade? Por que não se fez desse, inversamente, um autêntico momento cívico, usando-se a mesma polícia nas ruas e nas praças para uma ampla campanha pedagógica de esclarecimentos e conscientizações?

Referências bibliográficas

ALVAREZ G., Ana Josefina. El interacionismo o la teoria de la reaccion social como antecedente de la criminologia crítica. In: ALVAREZ G., Ana Josefina et al. *Criminologia Crítica*. México: Universidad Autónoma de Querétaro, 1990, p. 15-31.

ANALÍA, Meo. El delito de las féminas. *Delito y sociedad*. Buenos Aires, n.2. año 1, p. 111-125, 2º semestre 1992.

ANDRADE, Vera Regina Pereira de. A cidadania na cultura jurídica brasileira pré e pós-Constituição Federal de 1988: paradoxo constitucional. Texto inédito, 1990.

——. *A ilusão de segurança jurídica:* do controle da violência à violência do controle penal. Porto Alegre: Livraria do Advogado, 1997a.

——. *Cidadania*: do direito aos direitos humanos. São Paulo: Acadêmica, 1993.

——. Criminologia e feminismo: da mulher como vítima à mulher como sujeito de construção da cidadania. *In* CAMPOS, Carmen Hein de (org.). *Ciminologia e Feminismo*. Porto Alegre: Sulina, 1999, p. 105-117.

——. *Criminologia e feminismo*: da mulher como vítima à mulher como sujeito de construção da cidadania. *Seqüência*. Florianópolis: UFSC, n. 35, p. 42-49, dez., 1997.

——. Da domesticação da violência doméstica: politizando o espaço privado com a positividade constitucional. *Discursos sediciosos: Crime, Direito e sociedade*. Rio de Janeiro, nº 4, p. 99-102. 2º sem., 1997.

——. Da domesticação da violência doméstica: politizando o espaço privado com a positividade constitucional. *Fêmea*, Brasília, ano VI – especial p. 10-11, jan., 1998.

——. Do paradigma etiológico ao paradigma da reação social: mudança e permanência de paradigmas criminológicos na ciência e no senso comum. *Seqüência*. Florianópolis: UFSC, n. 30, p. 24-36, jun. 1995.

——. Do paradigma etiológico ao paradigma da reação social: mudança e permanência de paradigmas criminológicos na ciência e no senso comum. *Revista Brasileira de Ciências Criminais*. São Paulo: Revista dos Tribunais, n.14, p. 276-287, abr./jun. 1996b.

——. Dos discursos enunciados aos discursos silenciados: recuperando a dignidade da Política Criminal pelo e para o homem. *Discursos sediciosos: Crime, Direito e sociedade*. Rio de Janeiro, n. 3, p. 225-228, 1º sem.1997b.

——. Dogmática e Controle penal: em busca da segurança jurídica prometida. In ROCHA, Leonel Severo (Org.). *Teoria do direito e do estado*. Porto Alegre: Segio Fabris, 1994. p. 121-135

——. *Dogmática jurídica*: escorço de sua configuração e identidade. Porto Alegre: Livraria do Advogado, 1996a.

——. O perigo está simbolicamente encarcerado. *Entrevista. Correio Regional*, Cruz Alta, p. 15, 17 de maio de 1996c.

——. *Reconstrução do conceito de cidadania*. Cidadania e Municipalismo Anais da 1ª Conferência Estadual dos Advogados do Pará. Santarém, OAB Seção do Pará, 1997c. p. 31-61.

―――.(Org.) *Verso e reverso do controle penal*: (des)aprisionando a sociedade da cultura punitiva. In: *Fragmentos de uma grandiosa narrativa*: homenagem ao anfarilho do Humanismo (Alessandro Baratta). Florianópolis: Fundação Boiteux, 2002, p. 197-216.

―――. Violência sexual e sistema penal: proteção ou duplicação da vitimização feminina? in: DORA, Denise Dourado. *Feminino masculino: igualdade e diferença na justiça*. Porto Alegre: Sulina, 1997b, p. 105-130.

―――. *Pelas mãos da criminologia*. Rio de Janeiro: Revan, 2012. Coleção Pensamento Criminológico nº 19.

ANYIAR DE CASTRO, Lola. *Criminologia de la liberación*. Maracaibo: Universidad de Zulia, 1987.

ARAÚJO, Luis Ernani Bonesso de. *O acesso à terra no estado democrático de direito*. Florianópolis, 1997. Tese (Doutorado em Direito). Curso de Pós-Gradução em Direito, Universidade Federal de Santa Catarina, 1997, 275p.

ARDAILLON, Danielle; DEBERT, Guita Grin. *Quando a vítima é mulher*. Análise de julgamentos de crimes de estupro, espancamento e homicídio. Brasília: Conselho Nacional dos Direitos da Mulher/Ministério da Justiça, 1987.

BARATTA, Alessandro. *Criminologia crítica e crítica do direito penal*. Tradução de Juarez Cirino dos Santos. Rio de Janeiro: Revan, 1997.

―――. Criminologia crítica e política penal alternativa. Tradução por J. Sérgio Fragoso. *Revista de Direito Penal*, Rio de Janeiro, n. 23, p. 7-21, jul/dez. 1978.

―――. Criminologia crítica y crítica del derecho penal: introducción a la Sociologia jurídico-penal. Tradução por Alvaro Bunster. México: Siglo veintiuno, l991.

―――. "Criminologia y dogmática penal: pasado y futuro del modelo integral de la ciencia penal". In: MIR PUIG, Santiago et al. *Política criminal y reforma del derecho penal*. Bogotá: Temis, 1982a, p. 28-63

―――. *Defesa dos direitos humanos e política criminal*. III Congresso Nacional do Movimento do Ministério Público Democrático. 18 a 21 de março de 1997. Foz do Iguaçu- Paraná.

―――. Direitos humanos: entre a violência e a violência penal. *Fascículos de Ciências Penais*, Porto Alegre, n. 2, p. 44-61, abr./maio/jun 1993.

―――. Ética e pós-modernidade. In: KOSOVSKI, Ester (Org.). *Ética na Comunicação*. Rio de Janeiro: Mauad, 1995, p.113-131.

―――. Observaciones sobre las funciones de la cárcel en la producción de las relaciones sociales de desigualdad. *Nuevo Foro Penal*. Bogotá, n. 15, p. 737-749, jul./set. 1982b.

―――. O paradigma do gênero: da questão criminal à questão humana. *In* CAMPOS, Carmen Hein de (org.). *Criminologia e feminismo*. Porto Alegre: Sulina, 1999, p. 18-80.

―――. Principios del derecho penal mínimo. Para una teoría de los derechos humanos como objeto y límite de la ley penal. *Doctrina penal*, Buenos Aires, n. 40, p. 447-457, 1987.

―――. Proceso penal y realidad en la inputación de la responsabilidad penal. La vida y el laboratório del Derecho. *Revista general de Derecho*, Valencia, n.531, p. 6655-6673, dic. 1988. Separata.

―――. Sobre a criminologia crítica e sua função na política criminal. *Documentação e Direito Comparado*. (Boletim do Ministério da Justiça). Lisboa, [s.n.], n. 13, separata, p. 145-166, 1983. Relatório apresentado no IX Congresso Internacional de Criminologia, Viena, setembro de 1983.

―――. Viejas y nuevas estrategias en la legitimación del derecho penal. *Poder y control*. Barcelona, n. 0, p. 77-92, 1986.

BASTOS, Celso Ribeiro. *Curso de direito constitcuional*. São Paulo: Saraiva, 1989.

―――; MARTINS, Ives Gandra. *Comentários à Constituição do Brasil*. São Paulo: Saraiva, 1988, v.2.

BATISTA, Nilo. *Mídia e sistema penal no capitalismo tardio*. Texto apresentado no 8º Seminário Internacional do IBCCrim, 2002.

BATISTA, Vera Malaguti. *Difíceis ganhos fáceis*. Drogas e Juventude pobre no Rio de Janeiro. Rio de Janeiro: Instituto Carioca de Criminologia/Freitas Bastos, 1998.

BAUMAN, Zigmund. *Globalização*: as conseqüências humanas. Rio de janeiro: Zahar, 1999.

BECKER, H. *Los extraños*. Buenos Aires: Tiempo Contemporáneo, 1971.

BEIJERSE, Jolande Uit, KOOL, Renée. ¿La tentación del sistema penal: apariencias enagañosas? El movimiento de mujeres holandés, la violencia contra las mujeres y el sistema penal. In: LARRAURI, Elena (comp.*) Mujeres, derecho penal e Criminologia*. Madrid: Siglo Veintiuno, 1994.p. 141-166.

BERGALLI, Roberto, BUSTOS RAMIREZ, Juan (Coords.) *El pensamiento criminológico I*. um análisis crítico. Barcelona: Península, l983.

BERGALLI, Roberto. Globalización y control de la ciudad. Fordismo y disciplina – post-fordismo y control punitivo. *Il Diritto e la differenza – scritti in onore di Alessandro Baratta a cura di Raffaele De Giorgi*. Lecce: Multimedia, 2003. V. II. p. 55-86.

BUDÓ, Marília De Nardin. *Mídia e controle social*. Da construção da criminalidade dos movimentos sociais à reprodução da violência estrutural. Rio de Janeiro: Revan, 2013.

CHRISTIE, Nils. A indústria do controle do delito. A caminho dos GULAGs em estilo ocidental. Tradução por Luiz Leiria. São Paulo: Forense, 1998.

CIRINO DOS SANTOS, Juarez. *A criminologia radical*. Rio de Janeiro: Forense, 1981.

COHEN, Stanley. *Visiones de control social*. Tradução por Elena Larrauri. Barcelona: PPU, 1988.

CONDE, Francisco Muñoz. *Derecho penal y control social*. Jerez: Fundacion Universitaria de Jerez, 1985.

——. Introducción al derecho penal. Barcelona: Bosch, 1975.

——. Para uma ciência crítica do direito penal. *Revista de Direito Penal*. Rio de Janeiro: Forense, n. 25, p. 7-12, jan./jun. 1979.

CRETELLA JÚNIOR, José. *Comentários à Constituição Brasileira de 1988*. Rio de Janeiro: Forense, 1988, v. 1.

DALLARI, Dalmo de Abreu. *Elementos de teoria geral do estado*. São Paulo: Saraiva, 1989.

DELMANTO, Celso. *Código Penal comentado*. Rio de Janeiro: Renovar, 1988.

DIAS NETO, Theodomiro. Segurança Pública: um conceito a ser repensado. *Boletim do IBCCrim*, n. 58, edição especial, set. 1997, p. 12

DIAS, Jorge de Figueiredo, ANDRADE, Manuel da Costa. *Criminologia:* o homem delinqüente e a sociedade criminógena. Coimbra: Coimbra, 1984.

FAORO, Raymundo. *Os donos do poder*: Formação do patronato político brasileiro. Porto Alegre: Globo, 1979.

FELIPE, Sônia. "Violência, agressão e força". In: FELIPE, Sônia; PHILIPI, Jeanine Nicolazi. *O corpo violentado:* estupro e atentado violento ao pudor. Florianópolis: Gráfica/UFSC, 1996.

FERLAUTO, Dedé. *Thiago Gonzaga – histórias de uma vida urgente*. Porto Alegre: Didacta, 1996.

FERREIRA, Pinto. *Curso de direito agrário*. São Paulo: Saraiva, 1994.

FERREIRA FILHO, Manoel Gonçalves. *Curso de direito constitucional*. São Paulo: Saraiva, 1990.

FERRI, Henrique. *Princípios de direito criminal*. Tradução por Luiz Lemos D'Oliveira. São Paulo: Saraiva, 1931.

FOUCAULT, Michel. *Vigiar e punir*. história da violência nas prisões. Tradução por Lígia M. Ponde Vassalo. Petrópolis: Vozes, 1987.

FRANCO, Alberto Silva. *O código penal e sua interpretação jurisprudencial*. São Paulo: Revista dos Tribunais, 1995.

GARLAND, David. *Punishment and modern society*. Oxford: Clarendon Press, 1990.

——. *Punishment and welfare:* a history of penal strategies. Great Britain: Gower, 1987.

GAROFALO, R. *Criminologia*: estudo sobre o delito e a represso penal. Tradução por Júlio Matos. São Paulo: Teixeira & Irmãos Editores, 1983.

GREGORI, Maria Filomena. Cenas e Queixas. *Um estudo sobre mulheres, relações violentas e a prática feminista*. Rio de Janeiro: Paz e Terra. São Paulo: ANPOCS, 1993.

GROSSI, Miriam Pillar. *Pancada de amor não dói?* Texto apresentado no encontro "Fazendo Gênero na UFSC: um encontro interdisciplinar", maio de 1996.

GUIMARÃES, Alberto Passos. *Quatro séculos de latifúndio*. Rio de Janeiro: Paz e Terra, 1977.

HASSEMER, Winfried. *Fundamentos del derecho penal*. Tradução por Francisco Muñoz Conde e Luis Arroyo Zapatero. Barcelona: Bosch, 1984.

——; CONDE, Francisco Muñoz. *Introducción a la criminologia y al derecho penal*. Valencia: Tirant to blanch, 1989.

HULSMAN, Louk. La criminologia crítica y el concepto del delito. *Poder y Control,* Barcelona, n. 0, p. 119-135, 1986.

——; BERNAT DE CELIS, Jacqueline. *Penas Perdidas:* o sistema penal em questão. Tradução por Maria Lúcia Karam. Rio de Janeiro, Luam. 1993.

KAISER, Günther. *Criminologia*. Uma introducción a sus fundamentos científicos. Tradução por José Belloch Zimmerman. Madrid: Espasa-Calpe, 1983.

KARLENE, Faith, NANETTE, J. Davis. Las mujeres y el Estado: modelos de control social en transformación. In: LARRAURI, Elena (comp.) *Mujeres, derecho penal y Criminologia*. Madrid: Siglo Vientiuno, 1994, p. 109-139.

KOLODNY, Robert. C., MASTERS, William H, JOHNSON, Virginia E. *Manual de medicina sexual*. Tradução por Nelson Gomes de Oliveira. São Paulo: Manole, 1982.

KUHN, Thomas. *A estrutura das revoluções científicas*. Tradução por Beatriz Viana Boeira. São Paulo: Perspectiva, 1975.

LAMNEK, Siegfried. *Teorias de la criminalidad*. México: Siglo Veintiuno, 1980.

LARRAURI, Elena (comp.). Mujeres, derecho penal y Criminologia. In: *Control formal y el derecho penal de las mujeres*. Contexto. Madrid: Siglo Veintiuno, 1994b, p. 93-108.

——. Control informal: las penas de las mujeres. In: LARRAURI, Elena (Comp.) *Mujeres, derecho penal y Criminologia*. Madrid: Siglo Veintiuno, 1994a, p.1-16.

——. É neutro o direito penal? O mau-trato às mulheres no sistema penal. *Fascículos de Ciências Penais*, Porto Alegre, n.1, p. 8-22, jan/fev/mar 1993.

——. El surgimento de las alternativas a la cárcel: un nuevo triunfo del humanitarismo? *Papers*, Barcelona, n.4, p. 53-65, 1988.

——. La herencia de la criminologia crítica. Madrid: Siglo Veintiuno, 1991.

LEES, Sue. Aprender a amar. Reputación sexual, moral y control social de las jóvenes. In: LARRAURI, Elena (comp.) *Mujeres, derecho penal y Criminologia*. Madrid: Siglo Veintiuno, 1994. p. 17-41.

LEMERT, Edwin M. Human deviance. *Social problems and social control*. Englewood Cliffs: Prentice Hall, 1972.

——. The folkwais and social control. *American Sociological Review*. Washington, n. 7, 1942, p. 394-389.

LOMBROSO, Cesare. *O homem criminoso*. Tradução por Maria Carlota Carvalho Gomes. Rio de Janeiro: Rio, 1983.

LOS, M. "The struggle over the definition of rape in canada in the 1980's". *Conferência apresentada no XII Congresso Internacional de Sociologia*. Madrid, 1990.

——. "The struggle to redefine rape in the early". In: ROBERTS, J, MOHR, R (Comps). *Sexual assault in Canada*. Toronto: University of Toronto Press, 1992.

MACKINNON, C. Feminism, Marxism, Method and the State: Toward Feminist Jurisprudence. *Signs*, 1983, n. 4. v. 8.

MATTHEWS, Roger, YOUNG, Jock. *Reflexiones sobre el Realismo Criminológico. Delito y sociedad*. Buenos Aires, n. 3, año 2, p. 13-38, 1º semestre 1993.

MAYR, Eduardo. Vitimização judicial da vítima: algumas reflexões – Visão brasileira. *Fascículos de Ciências Penais*, Porto Alegre, n. 4, p. 70-76, out./nov./dez, 1992.

MENDONÇA, Kleber. *A punição pela audiência*: um estudo do Linha Direta. Rio de Janeiro: Faperj, 2002.

MELLO, Marília Montenegro Pessoa de. *Lei Maria da Penha:* uma análise criminológico-crítica. Rio de Janeiro: Revan, 2015.

MIRABETTE, Julio Fabbrini. *Manual de direito penal*: parte especial. São Paulo: Atlas. 1986, v.3.

MOLL, Luisa Helena Malta. A construção da cidadania para além do liberalismo. Resenha. *Seqüência*.n.28, Florianópolis, p. 116-119, jun.1994.

MUÑOZ GONZALEZ, Luz. La criminologia "radical", la "nueva" y la criminologia "critica": matizaciones y precisiones en torno a sus nombres. *Eguskilore*, San Sebastián, n. 2, p. 267-282, Oct. l989.

OLMO, Rosa del. *América Latina y su criminologia*. México: Siglo Veintiuno, 1984.

PABLOS DE MOLINA, Antônio Garcia. *Manual de criminologia*. Madrid: Espasa-Calpe, l988.

PANINI, Carmela. *Reforma agrária dentro e fora da lei*. 500 anos de história inacabada. São Paulo: Paulinas, 1990.

PAVARINI, Massimo. *Control y dominación*. Teorías criminológicas burguesas y proyecto hegemónico. Tradução por Ignacio Munagorri. México: Siglo Veintiuno, 1988.

PILATI, José Isaac. "A unanimidade do Código". *Diário Catarinense*, ano XII, n° 4333, domingo, 22 de fevereiro de 19998, p. 2.

PINTO, Alessandro Nepomuceno. *Da possibilidade de contrariar a lei*: um breve estudo sobre a Desobediência civil e o Movimento dos Sem-Terra (MST).

PLATT, Tony. Perpesctivas para uma criminologia radical nos EUA.In: TAYLOR,WALTON, YOUNG (org.). *Criminologia crítica*. Tradução por Juarez Cirino dos Santos e Sérgio Tancredo. Rio de Janeiro: Graal, 1980, p. 113-134.

PRADO JÚNIOR, Caio. *Evolução política do Brasil colônia e império*. São Paulo: Brasiliense, 1993.

RESTA. El concepto de "Pharmakon" y la legalidad moderna. Tradução por José L. Dominguez Figueiredo y Ramiro A. P. Sagarduy. *Oñāti proceedings*. Oñati, n. 10, p. 79-103, 1991.

SABADELL, Ana Lucia. *Manual de sociologia jurídica*: introdução a uma leitura esterna do Direito. São Paulo: Revista dos Tribunais, 2000a.

——. Segurança pública, prevenção e movimento feminista; uma aproximação ao caso alemão. *Revista Brasileira de Ciências Criminais*. São Paulo, n. 29, p. 53-68, jan./mar., 2000b.

SCHUR, Edwin M. *Labelling deviant behavior*. Its Sociological Implications. New York: Harper & Row, 1971.

SMART, Carol. La mujer del discurso jurídico. *In*: LARRAURI, Elena (Comp.) *Mujeres, derecho penal y criminologia*. Madrid: Siglo Veintiuno, 1994, p. 167-190.

SOUZA, Moacyr Benedicto de. *A influência da Escola positiva no direito penal brasileiro*. São Paulo: Editora Universitária do Direito. 1982.

SPINK, Mary Jane Paris (Org.) *A cidadania em construção*. uma reflexão transdisciplinar. São Paulo, Cortez, 1994.

TAYLOR, Ian; WALTON, Paul; YOUNG, Jock. *La nueva Criminologia*. Contribución a una teoría social de la conducta desviada. Tradução por Adolfo Crosa. Buenos Aires: Amorrortu, l990.

TURK, A. *Criminality and legal order*. Chicago: Rand McNally, 1969.

VARELLA, Marcelo Dias. *Introdução ao direito à reforma agrária*. O direito face aos novos conflitos sociais. São Paulo: Editora de Direito, 1998.

XAVIER, Euthalia. *O estupro suave*: o modo "feminino" de violentar. Texto apresentado no encontro "Fazendo gênero na UFSC: um encontro interdisciplinar", em maio de 1996.

WACQUANT, Löic. *As prisões da miséria*. Rio de Janeiro: Zahar, 2001.

———. *Punir os pobres*. A nova gestão da miséria nos Estados Unidos. Rio de Janeiro, Instituto Carioca de Criminologia. Freitas Bastos, 2001a.

WARAT, Luis Alberto. *Por quiem cantan las sirenas*. Joaçaba: UNOESC/CPGD-UFSC, 1996.

WARE, Norma C.; ADAMS, Karren L. Sexismo y lenguage: las implicaciones lingüísticas de ser mujer. In: LARRAURI, Elena (Comp.) *Mujeres, derecho penal y criminologia*. Madrid: Siglo Veintiuno, 1994. p. 43-61.

ZAFFARONI, Eugenio Raúl. *Em busca das penas perdidas*: a perda de legitimidade do sistema penal. Tradução de: Vânia Romano Pedrosa e Almir Lopes da Conceição. Rio de Janeiro: Revan, 1991.

———. Globalização e sistema penal na América Latina: da segurança nacional à urbana. *Discursos sediciosos*. Rio de Janeiro: Cortesia, n. 4, p. 25-36, 2º sem., 1997.

———. La crítica al derecho penal y el porvenir de la dogmática jurídica. In: CUESTA, Jose Luis de la et. al. (comp.). *Criminología y derecho penal ao servicio de la persona*. Libro-Homenage al profesor Antonio Berinstain. San Sebastián: Instituto Vasco de Criminologia, 1989.

———. La globalización y las actuales orientaciones de la política criminal. *Nueva Doctrina Penal*, Buenos Aires, nº XX, 1999. p. III-XXIV.

———; BATISTA, Nilo. *Direito penal brasileiro – I*. Rio de Janeiro: Revan, 2003.

WACQUANT, Löic. *As prisões da miséria*. Tradução de André Telles. Rio de Janeiro: Zahar, 2001a.

WACQUANT, Löic. *Punir os pobres*. A nova gestão da miséria nos Estados Unidos. Rio de Janeiro: Instituto Carioca de Criminologia/Freitas Bastos, 2001b.

YOUNG, Jock. *A sociedade excludente*. Exclusão social, criminalidade e diferença na modernidade recente. Tradução de Renato Aguiar. Rio Janeiro: Revan/Instituto Carioca de Criminologia, 2002.

Legislação e documentos

Censos Penitenciários Brasileiros de 1994 e 1995 (Conselho Nacional de Política Criminal e Penitenciária – Ministério da Justiça).

Código de Trânsito Brasileiro (Lei 9.503, de 23 de setembro de 1997).

Código Penal brasileiro de 1940/1984.

Comissão Pastoral da Terra. Conflitos no campo - Brasil 96. Goiânia, 1997, 64p.

Constituição da República Federativa do Brasil.

Correio Braziliense, 13 de maio de 1998.

Estatuto da Terra - Lei nº 4.504, de 30 de novembro de 1964.

IBAD, Recomendações sobre reforma agrária. Rio de Janeiro, 1961, 360p.

IBGE. Censo Agropecuário de 1985.

INCRA. Latifúndios, minifúndios, módulo rural, reforma agrária e coonização. Brasília, 1976.

INCRA. O sistema de informações rurais do Incra. Brasília, 1996.

Jornal da Tarde, 23.05.98, p. 6A.

Lei de Execução Penal (Lei nº 7.210, de 11.07.1984).